TABLE

ANALYTIQUE

DE LA

COLLECTION DES MANUSCRITS

DU

MARÉCHAL DE LÉVIS

QUÉBEC

IMPRIMERIE DE L.-J. DEMERS & FRÈRE

30, rue de la Fabrique, 30

1895

COLLECTION DES MANUSCRITS

DU

MARÉCHAL DE LÉVIS

—————

1⁰ JOURNAL DU CHEVALIER DE LÉVIS.

2⁰ LETTRES DU CHEVALIER DE LÉVIS.

3⁰ LETTRES DE LA COUR DE VERSAILLES.

4⁰ PIÈCES MILITAIRES.

5⁰ LETTRES DE M. DE BOURLAMAQUE.

6⁰ LETTRES DU MARQUIS DE MONTCALM.

7⁰ JOURNAL DU MARQUIS DE MONTCALM.

8⁰ LETTRES DU MARQUIS DE VAUDREUIL.

9⁰ LETTRES DE L'INTENDANT BIGOT.

10⁰ LETTRES DE DIVERS PARTICULIERS.

11⁰ RELATIONS ET JOURNAUX de différentes expéditions faites durant les années 1755, 1756, 1757, 1758, 1759, 1760.

12⁰ TABLE ANALYTIQUE.

TABLE

ANALYTIQUE

TABLE

—

ANALYTIQUE

DE LA

COLLECTION DES MANUSCRITS

DU

MARÉCHAL DE LÉVIS

QUÉBEC

IMPRIMERIE DE L.-J. DEMERS & FRÈRE

30, rue de la Fabrique, 30

—

1895

TABLE ANALYTIQUE

DU

JOURNAL DES CAMPAGNES

DU

CHEVALIER DE LÉVIS

EN CANADA, DE 1756 A 1760 *

A

Abénaquis, les, 46, 53, 80.

Abercromby, le général, 130. 131, 139, 142, 145, 146 ; Sommation à M. de Vaudreuil, de faire exécuter la capitulation de Frontenac, par, 154, 157, 160 ; rappelé, 161.

Abraham, la côte d', 273 ; les plaines d', 184, 262.

Acadie, discussion des limites de l', 35, 36, 37, 38, 109, 165, 166, 255, 256, 290.

Acadiens, les, 122, 238, 241 ; en traité avec les Anglois, 255.

Agniers, les, 58, 85, 106.

Agniers, rivière des, 108, 130, 148, 158, 168, 169.

Aix-la-Chapelle, 35.

Albany, 68.

Alcide, l', 42.

Algonquins, les, 54, 80.

Amérique, 160, 305.

* On a rectifié autant que possible, dans cette Table, plusieurs noms de personnes ou de lieux qui sont défigurés ou écrits différemment dans cette Collection.

Amherst, le général, 161, 170, 191, 222, 233, 289, 293, 301, 302, 303 ; refus du général, 305.

Angleterre, 35, 146, 148, 290.

Anglois, les, 35 ; chassés de l'Acadie par les sauvages, 36, 38 ; déroute complète des, 40, 46, 47, 58 ; déclaration de guerre à la France, par, 59, 72, 79, 80; évacuation de leurs retranchements au fort Georges, 101, 102, 107, 110, 122, 149, 166, 167, 169, 173, 174, 175, 189, 190, 197, 222, 223, 226, 230, 235, 240, 256, 273, 281, 289, 291, 301, 303, 308, 309, 313, 314.

Anoyottes (lisez Onéyouts), les, 42, 107, 108, 201.

Anse-à-la-Bouteille, 76.

Anse-à-la-Consolation, 77.

Anse-au-Foulon, 206, 207, 263, 264, 282.

Anse-de-Gabarus, 147.

Anse-des-Mères, 207.

Anse-aux-Sables, 147.

Apalaches, la montagne des, 162, 166.

Atalante, l', 281.

Aubry, M., capitaine des troupes de la marine à la Louisiane, 163, 171.

B

Bailleul, M. de, 151.

Baril, pointe au, 167, 168, 171, 172, 196.

Barque, île à la, 85, 293.

Basserode, M. de, 79.

Bastonis, le sieur, 274.

Batiscan, la rivière de, 204.

Béarn, le régiment de, 38, 55, 66, 67, 70, 71, 74, 75, 81, 105, 109, 112, 113, 115, 116, 117, 119, 123, 124, 127, 129, 131, 136, 137, 171, 178, 186, 203, 229, 231, 266, 274, 286 ; retour en France du, 309, 314.

Beauclair, M. de, capitaine au régiment de la Sarre, 200.

Beaujeu, M. de, tué, 39, 54, 71.

Beaumont, 181.

Beauport, 178, 180, 214, 225, 279.

Beauséjour, 37, 109.

Bélaître (lisez Bellestre), M. de, 91 ; expédition de, 106, 107, 108, 155, 163.

Belle-Rivière, la, 36, 37, 38, 65, 129, 164, 167, 172, 174, 177, 182, 189, 191.

Belle-Rivière, M. de, 91.

Belfot, le sieur, 294.

Benoit, M , 167, 168, 171.

Bernetz, M. le chevalier de, 49, 50, 101, 213.

Bernetz, rivière de, 133, 134

Bernier, le sieur, 223.

Berry, arrivée du régiment de, 105, 112, 128, 132, 136, 141, 231, 246, 247, 274, 286, 291 ; retour en France du, 309.

Berthier, 231.

Bigot, M. l'intendant, 57, 62, 105 ; lettre de, ordonnant aux troupes de manger du cheval, 119, 124, 165, 222, 292, 303, 309.

Biville, M. de, tué, 67.

Bizarre, le, 112.

Boquet, la rivière, 53.

Bœufs, rivière aux, 164, 174.

Bonne, M. de, 49 ; blessé, 274.

Bonneau, M., capitaine au régiment de Guyenne, 289.

Boischatel, le sieur de, aide-major au régiment de la Sarre, blessé à mort, 276.

Boishébert, M. de, capitaine, 130, 165, 255.

Borgne, M. Le, 161.

Bossière, M., 147.

Boston, 62, 102, 103.

Boucherville, 109, 231, 300.

Boucherville, M. de, 71, 166.

Bougainville, M. de, 95 ; articles de la capitulation du fort Georges envoyés par, 100 ; prise de possession du fort par, 101, 140, 176, 178, 193 ; débarque au-dessus de l'Anse-au-Foulon, 206, 208, 210, 212, 214, 220, 221, 227, 255, 291, 297, 299, 304 ; envoyé pour faire des représentations au général Amherst, 305.

Bourlamaque, M. de, fait colonel, 44, 55, 67, 74, 81, 82, 99, 104, 109, 110, 128, 132, 133, 136 ; blessé dangereusement, 138, 140, 151, 176, 204, 224, 226, 228, 239, 258, 259, 260, 261, 264, 265, 292, 293, 294, 295, 296, 300, 301, 302, 309.

Braddock, le général, défait et tué ; 37, 38, 40, 162.

Bradstreet, le général, 142, 146, 148, 155, 168.

Brest, 44.

Brignolet, le sieur de, lieutenant au régiment de la Sarre ; tué à la bataille de Québec, 210.

Bull, le fort, 79, 155, 158.

Butte, le fort de la, 142.

C

Cambis, le régiment de, 147.

Campbell, lieutenant, 287.

Canada, 35, 37, 44, 64, 80, 122, 129, 146, 147, 167, 175, 176, 216, 231, 236 ; reddition du, 306, 314.

Canadiens, les, 39, 40, 41, 42, 45, 60, 69, 72, 79, 80, 83, 84, 89, 92, 106, 108, 109, 125, 126, 129, 132, 139, 141, 142, 143, 144, 149, 151, 155, 159, 161, 162, 164, 166, 203, 206, 211, 284, 300, 303.

Canseau, le détroit de, 166.

Canon, le sieur, 235.

Cap-Rouge, 184, 208, 211, 213, 214, 220, 241, 258, 261, 262, 281.

Carillon, le fort de, construction du, 42, 44, 45, 48, 53, 65, 69, 74, 75, 78, 80, 81, 82, 84, 85, 103, 104, 109, 115, 124, 125, 126, 128, 129, 131, 132, 134, 143, 146, 148, 150, 151, 154, 156, 159, 161, 169, 175, 176, 182, 191, 236, 238, 245, 256, 293

Caroline, la, 65.

Cèdres, les, 172, 173, 195, 202, 298, 301.

Célèbre, le, 112.

Céloron, M. de, 221, 225.

Chaleurs, la baie des, 288.

Chambly, le fort de, 78, 300.

Chambly, la rivière de, 160, 291.

Chambly, le village de, 77, 78, 105, 109, 110, 202, 231, 295, 301.

Champlain, le lac, 40, 41, 69, 77, 78, 175, 203, 204, 222, 226, 230, 291, 297, 303.

Charly, M. de, 157, 158.

Chatavieux, interprète, 91.

Chicot, la rivière au, 69, 70, 84, 104.

Chouaguen, le fort de, 38, 40, 43, 45, 56, 59, 60, 62, 63 ; description du fort de, 64 ; prise du fort de, 65, 66, 75, 79, 148, 153, 177, 196, 200, 222, 245, 290.

Chouaguen, la rivière de, 142, 155, 168, 169, 172, 173, 174, 188.

Chute, la, 45, 47, 48, 49, 50, 51, 52, 67, 70, 72, 82, 85, 126, 131, 133, 134, 135, 138, 143, 150, 151, 154, 169.

Cinq-Nations, les, 79, 80, 108 ; promesses de fidélité des, 110, 130, 142, 167, 168, 169, 173, 174, 182, 190.

Colombière, le sieur de la, 47, 53, 56.

Combles, voyez Des Combles.

Connecticut, milice du, 145.

Constant, interprète, 91.

Contrecœur, le sieur de, 38, 50 ; son fils se tue accidentellement, 53, 59, 61, 71, 72, 88, 104, 132.

Corbière, le sieur de, 85, 86.

Corlar, le poste de, 130, 158.

Corlar, la rivière de, 42, 106, 107, 130, 142, 175.

Corne, voyez La Corne.

Courtemanche, M. de, 142, 143, 144.

Covarès, le fort de, 107, 108, 130.

Cumberland, le fort de, 155, 163.

D

Dalquier (lisez d'Alquier), M., 115, 116, 120 ; blessé, 267.
Detailly, interprète, 89.
Desandrouins, M., ingénieur, 63, 105, 141, 200, 232, 241.
Deschambault, 193, 221, 284, 285, 288, 293.
Des Combles, M., tué par les sauvages, par méprise, 63.
Des Ligneris, M., commandant à la Belle-Rivière, 155, 162, 163, 164,
    166, 172, 174.
Détroit, 155, 163, 174.
Deux Montagnes, le lac des, 200.
Deux-Rochers, les, 41, 58, 144.
Dieskau, le baron de, maréchal de camp, 38, 40, 41 ; fait prisonnier, 42.
Dubois de La Mothe, M., 111.
Dumas, le sieur, 39, 193, 232, 234, 284, 285, 286, 294, 296, 302, 303.
Dumuys, M., lieutenant, 49.
Duples is, le sieur, 47, 53, 56, 110, 113, 114, 149, 155.
Duprat, les volontaires de, 159, 185 ; attaquent la maison de Saint-
    Michel, 210.
Duquesne, M., 38.
Duquesne, le fort, 39, 161, 162, 166.
Durantaye, M. de la, 125, 126.
Duresme, lieutenant, 126.
Duverny (lisez du Vernys), le sieur, 267.

E

Ecossois, les, 56 ; un bataillon des, 158, 210.
Erié, le lac, 171.
Etat de la perte à la bataille de Québec, 218.
Europe, 38 ; nouvelles d', 72, 176, 258, 278.

F

Famine, rivière à la, 107,
Farly, interprète, 90.
Fay, M. du, 165.
Florimond, le sieur de, 59, 69, 90, 157, 158.
Fontbrune (lisez Fontbonne), lieutenant-colonel, tué à la bataille de
    Québec, 218.

France, 35, 36, 37, 38, 80, 81, 105. 112, 127 ; nouvelles de, 128, 148, 170,
    175, 178, 193, 215, 217, 231, 236 ; secours attendus de, 274, 288,
    290, 310, 312, 313.
François, les, 48, 74, 107, 145, 167, 168, 169.
Franquet, le sieur, ingénieur, 111.
Frontenac, le fort de, 42, 45, 54, 55, 62, 63, 65 ; prise du, 149, 152, 155,
    160, 172, 196, 197.
Forbes, le général, 162, 163, 164.
Forset, lieutenant, 126.
Fournier, le sieur, ingénieur, 182.

G

Gages, le général, 222.
Galop. l'île au, 197, 201, 202, 235.
Ganaouské, la baie de, 92, 93, 94.
Gaspé, 236, 237.
Georges, le fort, 42, 45, 46, 53, 54, 56, 67, 79, 80, 81, 83; expédition au,
    88, 92, 97; prise du, 100 ; rasé et brulé, 101, 103, 104, 110, 112, 131,
    138, 245.
Georges, le lac, 62, 142, 143, 145.
Germain, le sieur, capitaine au régiment de la Reine, 156, 157.
Grande-Ile, la, 197, 198.
Grandville, M. de la, 79.
Grant, le major, 161, 162.
Greenwich, vaisseau de guerre anglois, pris, 111.
Grondines, les, 234.
Gouttes (lisez Desgouttes), M., 147.
Guillory, interprète, 89.
Guyenne, le régiment de, 38, 63, 67, 70, 73, 75, 88, 104, 105, 110, 127,
    129, 131, 136, 137, 159, 161, 178, 186, 187, 207, 221, 226, 227, 231, 285;
    retour en France du, 309.

H

Halifax, 111, 147.
Hébécourt, le sieur d', capitaine, 53, 109, 124, 159, 165, 167, 169, 170.
Herbin, M., 90, 95.
Hert, M d', aide-major au régiment de la Reine, blessé, 278.
Hertel, M., 170.

Hôpital-Général,207 ; pourparlers au sujet des malades de l', 230, 273.
Houlière (lisez de Lahoulière), M., 147.
Howe, le général, 133 ; tué, 134.
Hurons, les, 59, 60.

I

Ile-aux-Coudres, la flotte angloise à, 180.
Ile-Jésus, 110, 231.
Illinois, 163, 164, 171, 174.
Iroquois, les, 53, 58, 71, 80, 107.

J

Jacques-Cartier, le fort, 184, 204, 211, 212, 220, 225, 227, 232, 233, 234,
   242, 255, 257, 284, 285, 286, 294.
Jacques-Cartier, la rivière, 283.
Joannès, M. de, aide-major du régiment de Languedoc, 220.
Johnson, le colonel, 41, 142, 168, 175.
Jumonville, M. de, 37.
Justonne, M. de la, lieutenant au régiment de Languedoc, blessé
   dangereusement, 279.

L

Laas, le sieur de, capitaine, 267, 274.
Lachine, 43, 106, 135, 156, 195, 302.
La Corne, le chevalier de, 48, 49, 58, 59, 61, 66, 71 ; expédition au fort
   Georges, par, 89, 143, 150, 177, 181, 188, 192, 196, 197, 198, 235, 297,
   298, 301.
Ladéroute, interprete, 90.
La Galissonnière, le marquis de, 36.
Lancaster, 162.
Langlade, M. de, 90.
Languedoc, le régiment de, 38, 40, 41, 50, 52, 71, 75, 76, 77, 79, 104, 105,
   110, 129, 132, 133, 136, 178, 232, 242, 255; retour en France du, 309.
Langy, Laurent, le marquis, 141.
Langy-Montégron, M. de, 69, 70, 71, 72, 74, 75, 83, 91, 125, 127, 130,
   131, 132, 256, 288.
Lanoraie, 296.

Lapause, M. le chevalier de, 63, 88, 159, 182, 192, 257, 258, 261, 264, 291, 293, 298, 305.

Laplante, M. 89.

Laprairie, 77, 78, 231, 300, 301.

Lorimier, M. de, 89; blessé, 109.

Legris, le sieur, 236, 237.

Le Mercier, M. le chevalier, 62, 121, 192; envoyé pour porter les dépêches à la cour, 234.

Léry, M. de, lieutenant de la marine, 42, 69.

Lesculaire, M., 160, 161.

L'Espérance, M., 128.

Lévis, le chevalier de, fait brigadier, 44, 45, 47; fait la disposition de ses troupes, 48, 50, 51, 52, 54, 55, 58, 59, 60, 61, 62, 66, 67, 68, 73, 76, 77, 78, 81, 82, 83, 85, 87, 88, 89, 92, 93, 94, 95, 96, 97, 98, 99, 100, 101, 103, 104, 105, 106, 109; nouveaux ordres, pour la réduction des rations reçues par, 112, 113, 114, 115, 116, 117, 119, 120, 121, 122, 123, 124, 125, 130, 135, 136, 137, 139, 140, 142, 149, 150, 151, 152, 153, 156, 160, 165, 177, 180, 183; affaire du 31 juillet par, 185, 186, 187, 192, 194, 201, 202, 203, 204, 205, 212, 213, 214; refuse une proposition de trève, 223, 224, 225, 226, 227, 230, 231, 233, 234, 235, 243, 257, 258, 260, 261, 262; bataille gagnée, par, 263, 265, 266, 277, 278, 279, 280, 282, 283, 284, 286, 291, 293, 294, 295, 296, 297, 298, 300, 301, 302, 305, 307; ordre aux troupes de brûler leurs drapeaux, plutôt que de les rendre, par, 308, 309; départ du, 314.

Lévis, construction du fort de, 205, 232, 238, 241, 297, 301.

Lévis, pointe de, 181, 183, 185, 205, 225, 238, 239, 240, 241, 278, 280.

Levreau, Langy, M., 89.

Ligneris, voyez Des Ligneris.

Londres, 37.

Longueuil, M. de, 90, 129, 194, 224.

Longueuil, 300.

Longue-Pointe, la, 305.

Long-Sault, le, 195.

Lotbinière, M. de, ingénieur, 256.

Louisbourg, 81, 110, 112, 127, 129, 130, 146; prise de 146, 147; capitulation de, 149, 152, 153, 158, 161, 292.

Loudon, milord, général, 56, 68, 71, 111.

Loutre, rivière à la, 47, 53.

Louvicourt, le sieur de, 267.

Lusignan, M. de, 61, 76, 78, 156, 159.

Lydius, le fort, 41, 54, 56, 69, 72, 74, 84, 97, 99, 101, 112, 142, 143 144, 145, 153, 157, 158, 161, 165, 170.

M

Machault, le fort, 164, 174.

Magland, capitaine, 287.

Malartic, M. de, 115, 117, 120, 123, 289.

Marie, la, 283, 288, 304.

Marin, M., 83, 84, 89, 144 ; retraite de, 145, 146, 171.

Marine, les troupes de la, 38, 40, 42, 44, 47 ; trois soldats désertés, 48,
49, 52, 53, 57, 61, 62, 69, 71, 73, 75, 80, 84, 88, 89, 93, 104, 105, 106, 109 ;
refus de la réduction des rations, par, 113 ; soumission des, 114,
115, 116, 117, 124, 126, 129, 130, 132, 141, 142, 143, 144, 150, 151,
161, 171, 182, 215, 232, 232, 246, 247, 274, 285, 296, 303 ; retour en
France des, 309, 314.

Martel, M., commissaire de la marine, 119, 194.

Maska, rivière de, 291.

Maskinongé, 204.

Méloises, M. des, 274.

Milice, instructions à la, pour le campement et service, pendant la
campagne, 248, 254.

Miramichi, 130, 166.

Mississagués, les, 53, 80.

Missiscoui, la baie de, 224, 229, 241, 291.

Monckton, M., commandant en second, blessé, 220.

Monrepos, M. de, 119.

Monro, le colonel, 98, 100.

Montagne-Pelée, la, 132.

Montbeillard, M. de, 192, 274.

Montcalm, M. le marquis de, fait maréchal de camp, 44, 45, 54, 55 ;
prise de Chouaguen, par, 60, 63, 64, 65, 67, 68, 70, 71, 73, 75, 84, 89,
93, 94, 95, 96, 97 ; sommation au commandant Monro de se rendre, par, 98, 99, 100, 102, 103, 105, 112, 127, 128, 129, 131, 132, 133,
134, 135, 136, 140, 141, 142. 143, 144, 148, 149, 150, 152, 153, 154,
155, 156, 158, 159, 160, 164, 169, 177, 178, 186, 203, 207, 208, 209 ;
tué à la bataille de Québec, 218.

Montigny, M. de, capitaine des troupes de la marine, 149, 164.

Montmorency, le saut, 178, 180, 182, 185, 193.

Montréal, 44, 54, 57, 58, 59, 60, 71, 73, 75, 78, 79 ; ambassade à, 80, 81,
82, 102, 103, 104, 105, 108, 109, 110, 112, 115, 119, 122, 125, 127, 128,
135, 143, 149, 152, 153, 156 157, 160, 163, 164, 169, 170, 172, 174, 175,
178, 179, 180, 186, 192, 194, 201, 202, 224, 226, 228, 232, 234, 247, 255,
256, 287, 288, 296, 297, 300, 301, 302, 304 ; capitulation de, 316.

Montréal, île de, 231, 296, 298, 300, 302, 304, 305.

Montreuil, le chevalier de, 41, 50, 51, 140.
Moutons, île aux, 150.
Murray, le général, 273, 280, 286, 287, 289, 290, 296, 300, 301, 302, 303, 304, 305.

N

Nécessité, le fort, expédition au, 37.
New-York, 103, 129, 161, 170.
Niagara, le fort de, 37, 42, 55, 62, 65, 75, 149, 152, 153, 155, 172, 173, 177, 188 ; prise du, 189, 191, 203.
Niaouré, la baie de, 43, 55, 63.
Nipissings, les, 53, 80, 96.
Niverville, le chevalier de, 91, 227.
Noix, l'île aux, 176, 182, 191, 192, 202, 203, 204, 227, 229, 231, 232, 235, 255, 288, 291, 294, 295, 297, 298, 300, 304.
Nouvelle-Angleterre, 37, 87, 111, 112.
Nouvelle-York, 40.
Noyan, M. de, 160.

O

Ononthio, 107, 169, 190, 199.
Ontario, le lac, 38, 42, 62, 106, 130, 142, 146, 148, 153, 155, 164, 171, 172, 173, 174, 177, 229, 289, 294, 297.
Orange, 99, 101, 112, 142, 153, 158, 293.
Orange, la rivière d', 46, 71.
Oratory, 42.
Orléans, l'île d', 181, 182, 185, 280.
Outaouais, les, 80.
Outlaw, M., 167.
Ovaratory, l'île d', 197.

P

Palatins, village des, 107 ; rasé et brûlé, 108.
Palmerolles, M. de, lieutenant, 127, 128.
Paris, 36.
Pecaudy, le sieur de, 45, 46.
Pénisseault, M., munitionnaire, 125.
Perrot, l'île, 298, 302.
Perrière, M. de la, 68.
Perthuis, M. 72, 90.

Piquet, l'abbé, 197, 198; Onontagué, nom sauvage donné à, 201.

Plates, les îles, 296.

Pointe-aux-Trembles, la, 110, 184, 193, 205, 206, 211, 212, 214, 220, 221, 229, 232, 242, 255, 258, 281, 282, 283, 284, 285, 305.

Pomone, la, 281.

Pontbriand, M. de, évêque de Québec, mort à Montréal, 289.

Pontleroy, M. de, ingénieur, 132, 134, 155, 204, 274.

Portage, 46, 47.

Port-Royal, 36.

Pradel, le sieur, lieutenant au régiment de Languedoc, blessé dangereusement, 279.

Présentation, la, 42, 43, 106, 149, 155, 167, 168, 171, 196, 201; arrestation d'un officier anglois à, 222.

Privat, M. de; 50, 52.

Pouchot, M , capitaine au régiment de Béarn, 63, 171, 172, 173, 177, 182, 188, 189, 190, 241.

Poulariés, M. de, 49, 80; s'est distingué, 267.

Poutéotamis, les, 69, 80.

Q

Québec, 44, 73, 74, 78, 105, 110, 112, 115, 119, 122, 127, 128, 130, 151, 164, 166, 169, 175, 176, 178, 180, 183, 192, 193, 203; bataille du 13 septembre à, 205, 212, 213, 217, 220, 222, 223, 225, 228, 229, 230, 231, 232; garnison de, 233, 234, 235, 236; prise de, 237, 238, 239, 240, 242, 258, 259, 261; siège de, 268, 280 ; huit ou dix vaisseaux arrivés à, 283, 287, 290, 291, 294, 309, 313, 314.

R

Ramezay, M. de, capitulation demandée par, 215.

Rapides, les, 175, 177, 181, 192, 194, 195, 203, 204, 229, 297, 301.

Réaume, interprète, 89.

Reine-Anne, le fort de la, 144, 145.

Reine, le régiment de la, 38, 40, 41, 49, 50, 52, 53, 67, 70, 74, 75, 79, 98, 99, 104, 105, 110, 128, 134, 136, 137, 231, 266, 267, 274, 286, 297 ; retour en France du, 309.

Repentigny, M. de, 15, 152, 185, 186, 220, 232, 285.

Rhode-Island, 103.

Richelieu, la rivière de, 135, 293.

Rigaud de Vaudreuil, M. de, gouverneur de Montréal, 55, 80, **84**, 85, 89, 99, 129, 141, 143, 150, 194.

Ristigouche, la rivière de, 288.

Rochebeaucour, M. de la, 138, 213, 285.

Rocher-Fendu, le, 53, 76.

Rogers, le major, 126, 145, 158, 169.

Rollo, lord, 292, 296.

Rostaing, le colonel, 38 ; tué, 42.

Roquemaure, le sieur de, lieutenant-colonel du régiment de la Reine, 41, 49, 52, 99, 297, 300, 301, 302.

Rouvray, le sieur, lieutenant au régiment de la Sarre, grièvement blessé à la bataille de Québec, 210.

Royal-Américain, le bataillon du, 58, 173.

Royale, île, 130, 165.

Royal-Hanon (lisez Loyal-Hanon), 162, 163, 166.

Royal-Roussillon, le régiment de, 44, 49, 71, 75, 76, 80, 81, 98, 105, 109, 129, 132, 133, 136, 178, 185, 187, 221, 226, 227, 231, 266, 267, 274, 285, 297; retour en France du, 309.

Roys, interprète, 91.

S

Sables, rivière aux, 222.

Sablé, M. du, 57, 62.

Sabrevois, M. de, 50, 90.

Sainte-Anne, 284, 286.

Saint-Augustin, 212, 214, 220, 221, 242, 259, 283.

Saint-Antoine, 222.

Saint-Charles, la rivière, 178, 180, 214, 273.

Sainte-Croix, 193.

Sainte-Foye, 213, 240, 259, 260, 262; bataille de, gagné par M. le chevalier de Lévis, 263.

Saint-François, 224, 291.

Saint-François, le lac, 195.

Saint-Frédéric, le fort, 38, 42, 52, 58, 69, 74, 78, 136, 156, 159, 176, 191, 203, 228, 236, 238, 241, 288, 289, 293.

Saint-Germain, Joson, interprète, 9.

Sainte-Hélène, l'île, 295, 296, 304, 305, 307.

Saint-Jean, le fort, 60, 65, 74, 77, 82, 104, 105, 109, 156, 175, 202, 234, 290, 297, 299, 300, 301.

Saint-Jean, l'île, 148.

Saint-Jean, interprète, 89.

Saint-Jean, la rivière, 127, 130, 160, 166, 288, 299.

Saint-Laurent, le fleuve, 177, 222, 273, 291.

Saint-Louis, le saut, 66.

Saint-Luc, M. de, capitaine, 143.

Saint-Martin, le sieur de, 45, 46, 61, 71, 74, 238, 239, 240.

Saint-Michel, 213, 282.

Saint-Ours, M. de, 163, 164.

Saint-Pierre, le lac, 291, 292.

Saint-Rome, M. de, 151.

Saint-Sacrement, le lac, 38, 40, 41, 42, 46, 50, 55, 60, 82, 83, 84, 85, 86, 87, 95, 104, 125, 130, 131, 133, 139, 143, 148, 150, 151, 153, 154, 157, 159.

Saint-Simon, M. de, 166.

Sainte-Thérèse, 77, 78, 290, 300.

Saint-Vincent, le capitaine, 48, 50.

Sarasto, le fort, 45, 57, 165.

Sarre, le régiment de la, 44, 65, 67, 73, 75, 88, 98, 104, 105, 110, 129, 132, 136, 171, 178, 186, 234, 266, 283, 284, 286, 293 ; retour en France du, 309.

Sauvage, la, 44.

Senezergues, M. de, 88, 129 ; tué à la bataille de Québec, 218.

Sorel, 231, 293, 294, 295, 296.

Sud, la rivière du, 297, 299.

T

Tableau des officiers et soldats tués ou blessés à la bataille du 28 avril au siège de Québec, 269, 270, 271.

Tarsac, M. de, 67.

Terrebonne, 231.

Townshend, général des troupes de Sa Majesté Britannique, 215, 217.

Trécesson, M. de, 132, 141.

Tréchemin, la rivière de, 182.

Trembles, voyez Pointe-aux-Trembles.

Trépezec, M. de, 133.

Trois-Rivières, 74, 156, 157, 160, 164, 178, 186, 206, 227, 234, 239, 242 255, 286, 294.

Trou-de-Saint-Patrice, 181.

U

Utrecht, traité d', 35.

V

Valtrie, M. de la, 143.

Varennes, 231, 301.

Vassan, M. de, 50, 51, 173.

Vaudreuil, M. le marquis de, gouverneur du Canada, 38, 44, 45, 47, 57, 62, 65, 71, 78, 80, 81, 102, 104; ordre pour réduire les rations des quatre bataillons de Saint-Jean et Chambly, par, 105; même ordre pour les garnisons de Montréal, Québec, et le régiment de Berry, 106; départ pour Québec, pour y tenir un conseil de guerre, 109, 110, 112, 115, 117; émeute de femmes à la porte du marquis de, 118, 119, 125, 127, 129, 131, 135, 138, 142, 146, 148, 149, 152, 153, 154, 155, 156, 157; échange de prisonniers, par, 160, 161, 165, 166, 168, 169, 171, 177, 180, 186, 192, 203, 210, 211, 212, 213, 217, 222, 224, 226, 227, 230, 231, 233, 234, 235, 243, 278, 287, 290, 292, 303, 304, 305; mémoire du chevalier de Lévis à, 306, 307; ordre au marquis de Lévis de se conformer à la capitulation, par, 308, 309.

Vauquelin, le sieur, 277.

Vergor, M. de, 50, 51.

Vieille-Angleterre, la, 56, 81, 127, 176.

Vieille-Lorette, la, 210, 211, 214, 259, 260, 262.

Villars, M. de, capitaine, 171.

Villiers, le sieur de, 55, 85, 88, 92.

Virginie, la, 65.

W

Webb, le général, lettre du, au général Monro, 100, 103.

William, le fort, 79, 107, 155.

Wolfe, le général, tué à la bataille de Québec, 220.

Wolff, le lieutenant, 93, 95, 127, 130, 131, 139, 146, 157, 161, 182.

Y

Young, le colonel, envoyé pour dresser les articles de la capitulation du fort Georges, 100.

TABLE ANALYTIQUE

DES

LETTRES DU CHEVALIER DE LÉVIS

A

Abénaquis, les, lisez Abenakis 44, 92.

Abénaquise, la frégate, 99, 102.

Abercromby, le général, 202, 211.

Acadie, 118, 148, 149, 150, 152, 371.

Agniers, les, 121, 143, 153.

Aiguebelle, M. d', capitaine, 356.

Albany, 80, 140.

Almain, M., 64, 73, 84.

Amalécites (lisez Malécites), les sauvages, 92.

Amérique, 120, 132, 133, 135, 136, 156, 158, 159, 164, 173, 178, 180, 181, 182, 184, 185, 193, 196, 197, 204, 208, 209, 260, 328, 394.

Amherst, le général, 239, 245, 261, 270, 271, 272, 273, 328, 331, 335; réponse du, 351; lettre du, 352, 369, 374, 384, 395.

Amsby, M., 273.

Anglois, les, 224; prise de Québec par les, 263, 273, 286, 292, 311, 319, 323, 325, 378, 385, 387.

Angleterre, 246, 264.

Annapolis, 150.

Argenson, M. le comte d', 9, 12, 18, 20, 54, 77, 93, 99, 109; exilé, 112; promesse de, 156, 158, 159, 168, 178, 185, 191, 197, 204, 208, 209, 210, 344.

Arnoux, le sieur, 270, 301.

Artel-Saurel, M., 33.

Atalante, l', 311.

Aubert, M., 30.

2

B

Baie-des-Chaleurs, 366, 383.

Baie-Françoise, 148, 150.

Baie-Verte, 148, 150.

Baraute, capitaine du régiment de Béarn, blessé, 306, 308, 359 ; Madame veuve, 365.

Barode, lisez Baraute.

Basserode, M. de, capitaine, 110.

Béarn, régiment de, 92, 94, 99, 103, 105, 106, 172, 190, 230, 231, 356, 365, 388.

Beaubassin, M. de, 150.

Beauclair, M de, capitaine du régiment de la Sarre, blessé, 216.

Beaujeu, M. de, 33, 34, 40, 43, 44, 46, 56, 60, 65.

Beauport, rivière de, 228, 243, 259.

Beauséjour, fort de, 148, 149.

Beauvau, M. le prince de, 191, 207, 265, 321.

Bellecombe, M. de, 270, 271, 298 ; détenu par les Anglois, 299, 300, 318, 319, 320, 321, 322, 330, 332, 337.

Belle Isle, M. le maréchal de, 96, 98, 184, 193, 194, 195, 200, 201, 206, 214, 216, 217, 221, 227, 235, 239, 249, 265, 266, 318, 330, 353, 366, 367, 368, 371, 374, 382, 392, 394.

Belle-Rivière, la, 113, 144, 145, 153, 154, 173, 212, 213, 218, 219.

Bernetz, M. le chevalier de, 12, 242, 243.

Bernier, le sieur, 248, 254, 385, 386.

Berthier, 282, 377.

Berry, le régiment de, son arrivée, 157; passé en revue, 163, 171, 190, 358, 462, 463.

Berryer, M. de, ministre de la marine, 223, 249, 256, 262, 266, 319, 360, 369, 372, 376, 388, 398.

Bigot, l'intendant, 10, 38, 41, 64, 72, 83, 172, 175, 306, 308, 323, 325, 340, 358, 362, 370, 373, 375, 380, 391.

Biron, M. de, fait maréchal, 120.

Biville, M. de, tué, 87, 94.

Bleury, M. de, 28, 30, 32, 36, 37, 41, 51, 64, 67, 73, 84, 101, 106, 107.

Bonneau, M., capitaine, 344, 345, 351.

Bonnefonds, lieutenant, échange proposé du, 344; échange accordé, 352.

Boquet, rivière, 26, 31, 36, 39, 51, 55.

Bœufs, rivière aux, 146, 154, 213.

Boishébert, M. de, capitaine des troupes de la marine, 149.

Bordeaux, 366, 383.

Borgne, M. Le, 30, 71.

Bossier, lisez Beaussier, **M.** de, 8.

Boston, 80.

Boston, le régiment de, 46, 149.

Braddock, le général, 144; défaite du, 173.

Brest, 7, 8.

Brisebois, M., cadet, 33.

Brouse, lieutenant, 301.

Boucherville, M. de, 126.

Bougainville, **M.** de, 8, 165, 221, 224, 227, 239, 242, 250, 251, 359, 363, 371, 378, 380, 382, 385, 386.

Bourlamaque, M. de, 7, 8, 10, 13, 99, 113, 120, 124, 133, 157, 163, 165, 168, 169, 172, 181, 191; blessé, 197, 198, 234, 238, 240, 245, 250, 265, 273, 292, 293, 325, 354, 377, 378, 379, 380, 385, 386, 390, 396.

Burton, colonel, 298.

C

Cadet, M., munitionnaire général de la colonie, 262, 263, 306, 317, 369.

Campbell, lieutenant, 337.

Canada, 7, 8, 49, 118, 142, 147, 148, 149, 150, 151, 152, 153, 173, 196, 199, 200, 203, 205, 217, 224, 250, 251, 253, 254, 258, 260, 332, 342, 354, 355, 360, 362, 366, 388, 392, 393, 395, 396, 397, 462, 463.

Cap-Rouge, rivière du, 242, 243, 244, 291, 311, 312.

Castres, M. de, 352.

Carillon, le fort de, 14, 18, 19, 20, 22, 23, 24, 42, 43, 44, 45, 48, 49, 50, 51, 52, 54, 73, 89, 90; travaux au, 103, 108, 109, 110, 113, 124, 126, 127, 130, 133, 135, 136, 137, 138, 139, 140, 141, 152, 155, 157, 162, 163, 165, 183, 190, 192, 194, 195, 196, 197, 198, 200, 201, 205, 207; attaque du, 211, 213, 214, 215, 273.

Carpentier, le sieur, 356.

Chambly, 103, 105, 133, 137, 138, 157, 163, 238, 246, 324, 371, 377, 378, 379.

Chapelle, M. de la, mis aux arrêts, 123.

Champlain, le lac, 26, 36, 136, 137, 138, 139, 141, 152, 153, 189, 245, 261, 264, 359, 363, 371, 376.

Charly, M. de, 238, 258.

Chicot, rivière au, 33, 56, 79, 106, 125, 139, 140, 152, 157, 161, 162.

Choiseul, M. le duc de, 236, 261, 322, 397.

Chouaguen, 18, 20, 40, 42, 44, 56 ; plan pour l'attaque de, 66, 76, 78, 79, 81, 97, 98, 108, 109, 142, 143, 153, 154, 189, 202, 375.

Chute, le poste de la, 61, 99, 122, 134, 162.

Cinq-Nations, les, 153, 186, 192, 194, 196, 198, 200.

Clapier, M., 22, 23.

Clare, M. de, fait maréchal, 120.

Coagne (lisez Decouagne), M., cadet, 33.

Colombière, M. de la, 26, 29, 31, 32, 36, 39, 40, 44, 55, 60.

Combles, voyez Des Combles.

Commandants de bataillons, lettre circulaire à MM. les, 267, 274, 279, 283, 285, 288 ; lettre aux, ordre d'arrêter les déserteurs, 336 ; lettre aux, 339, 348, 350, 372, 380.

Conflans, M. de, 192, 318.

Contrecœur, M. de, 24, 27, 30, 34; mort de son fils, 36, 40, 45, 57, 58, 59, 61, 62, 69, 70, 78, 79, 85, 86, 89, 92, 93, 94, 161.

Corlar, appelé par les Anglois Chenectady, 153, 186, 194.

Corne, voyez La Corne.

Cramahé, capitaine, secrétaire de M. Murray, lettre de, 298.

Crémille, M. de, 201, 207, 215, 220, 255, 319, 367, 391.

Crown-Point, le fort de, 351.

Cumberland, le fort de, 144, 145.

Courville, le chevalier de, 8, 9, 15.

D

Dalquier (lisez d'Alquier), M., 329, 334, 356.

Davers, M., lieutenant, 298.

Desandrouins, M., 235, 254.

Deschambault, M., 317, 362, 374.

Des Combles, M., 8, 9, 10, 11, 12.

Des Ligneris, M., capitaine des troupes de la marine, 218.

Détroit, 147.

Dieskau, M. de, 34, 45, 56, 71, 80, 88, 107, 252.

Doreil, M., 10, 12, 38, 210, 215.

Dubois de La Mothe, M., 164, 180.

Dufay, M., 324.

Dumas, capitaine, 173, 174, 317, 326, 362, 364.

Duparquet, commandant, 356.

Dupart, M., 334.

Duplessis, M., 23, 25, 36, 39, 51.

Duprat, M., 227, 229, 231.

Duquesne, le fort, établissement du, 144, 145, 146, 154; abandonné après l'avoir brûlé, 213, 218.

Durantaye, M. de La, 30, 33.

E

Edouard, le fort, 47, 48, 49, 273.

Erié, le lac, 144, 146, 147, 154, 219.

Estrées, M. d', fait maréchal, 120, 236, 262.

Europe, 134, 154, 159, 170, 180, 209, 255, 271, 318, 319, 321, 325, 341, 342, 366, 369.

F

Florimond, M. de, 30, 63, 68, 75, 84, 85, 91, 92, 95.

Fontbrune, M. de, 8, 9, 12, 59, 169; mort de, 173.

Fontenay, M. de, 337.

Forbes, le général, 218; mort du, 306.

Fouilhac, M. de, 317, 326, 356, 462.

France, 17, 53, 97, 99, 100, 107, 109, 116, 117, 119, 135, 150, 151, 157, 163, 173, 175, 178, 179, 181, 182, 184, 189, 210, 211, 216, 220, 247, 264, 265, 266, 268, 295, 305, 308, 323, 352, 369, 371, 389, 393.

Frontenac, le fort de, 20, 59; pris et brûlé par l'ennemi, 212.

G

Galifet, M. de, 169.

Ganaouské, baie de, 122, 128.

Garde des sceaux, M. le, 54, 58, 102.

Gaspé, M. de, capitaine, 110, 121, 126.

Georges, le fort, 22, 26, 33, 34, 35, 39, 40, 43, 45, 47, 48, 55, 56, 57, 60, 62, 63, 69, 77, 79, 84, 86, 88, 89, 90, 91, 92, 95, 104, 111, 114, 116, 117, 121, 124, 125, 126, 127, 128, 129; 130, 133, 135, 136, 152, 161, 162, 165, 195.

Godard, M., échange de, 272.

Gorgendière, M. de la, 308.

Grosbois, M. de, lieutenant, 33.

Guyenne, régiment de, 92, 94, 99, 102, 105, 172, 190, 230, 233, 238, 252.

H

Halifax, 118, 133, 150, 163.

Hartford, 80.

Hébécourt, M. d', capitaine au régiment de la Reine, 252.

Hert, M. d', 38.

Hertel, M., 27, 75.

Hocquart, M., 124.

Hollandois, les, 151.

Huron, le lac, 147.

I

Ile-aux-Noix, 240, 244, 245, 246, 359, 363, 371, 378, 380.
Ile-Royale, 117, 179, 183 ; prise de l', 213, 222.
Iroquois, les, 121, 122, 124, 186.

J

Jacques-Cartier, rivière, 240, 244, 274, 315, 316, 317, 362.
Jheperd John, déposition de, 46.
Joannès, aide-major, 235, 261.
Johnson, le général, 49, 153.
Johnstone, M., aide de camp du général de Lévis, 231, 258.
Jumonville, M. de, 359, 365.

L

Laas, M. de, capitaine au régiment de la Reine, 356.
Lachine, 190.
La Corne, chevalier de, 24, 30, 34, 45, 52, 57, 58, 59, 61, 62, 69, 70, 79,
    90, 364.
Languedoc, régiment de, 99, 103, 106, 109, 171, 190, 232, 235, 253, 258,
    360, 365, 462.
Langy, M. de, 121, 122, 125.
Lapause, M. de, 251, 259, 290, 355, 378, 380.
Laprairie, 138.
La Rochelle, 382, 388, 391.
Lautrec, maréchal de, 119.
Le Mercier, M., 124, 191, 198, 258, 264, 265, 266.
Lenoir, M., échange de, 337, 343.
Le Normand, M , 205.
Léonard, M., évasion de, 338.
Léopard, le, 10, 13, 14, 16.
Le Tourneur, M., 259.
Lévis, chevalier de, 5, 185, 298, 300, 343, 463.
Lévis, le fort de, 363, 380.
Licorne, la, 8.
Ligneris, voyez Des Ligneris.
Ligonier, le général, 395, 396.
Longueuil, M. de, 11, 27, 186, 239, 258.

Longueuil, 379.

Lorraine, la, 119.

Lotbinière, M. de, 37, 53, 67, 68.

Louisbourg, siège de, 113, 117, 118, 134, 151, 163, 164, 179; assiégé, 192, 194, 202, 210, 213, 247, 258; démolition de, 317, 376, 387.

Louisiane, la, 147.

Loudon, le général, 48, 57, 82, 83, 84, 97; départ du, 110, 117, 133, 163, 164; expédition manquée, 170.

Loutre, rivière de la, 23, 25, 39 51, 54.

Lusignan, M. de, 27, 37, 46, 76, 83, 105, 110, 123, 124.

Luxembourg, M. de, fait maréchal, 120.

Lydius, le fort, 33, 34, 40, 43, 45, 47, 53, 56, 60, 63, 71, 79, 86, 88, 89, 92, 95, 104, 110, 125, 126, 129, 136, 140, 162, 204.

M

Madawaska, rivière de, 148.

Machault, M. de, 9, 15; disgrâce de, 114.

Machault, le fort de, 213, 218.

Maillebois, M. le comte de, 132, 155, 158, 192.

Maitland, capitaine, 337.

Malartic, M. de, capitaine aide-major au régiment de Béarn, 310, 312, 314, 315, 316, 328, 329, 330, 334, 337, 338, 356, 368.

Mariac, M. de, capitaine, 253, 360, 365.

Marie-Elizabeth, la, 312, 388.

Marin, M., 125.

Marine, troupes de la, 29, 30; trois soldats désertés, 31, 35, 36, 99, 102, 1 3, 105, 106, 110, 114, 169, 176, 186, 198, 209, 230, 246, 258, 289, 317, 325, 364, 366, 385, 393, 398.

Martel, M., 175.

Massiac, M. de, 203, 206, 215, 219.

Méloises, M. des, 50 ; blessé, 308 ; blessé dangereusement, 364.

Mémoires, 439, 455, 456, 459.

Mesnon, le chevalier de, 225, 226.

Michillimakinac, 147.

Milletière, M. de la, échange de, 352.

Miramichi, baie de, 148.

Mirepoix, M. de, fait capitaine des gardes du corps, 5, 6, 17, 18 ; lettre à Madame de, 107 ; lettre à M., 108 ; lettre à Madame de, 116 ; fait maréchal, 116, 117, 120, 135, 156, 158, 165 ; grâce demandée à Madame de, 166 ; lettre à Madame de, 167 ; mort du, 184 ; condoléances à Madame de, 188, 191, 192, 203, 207, 209, 210, lettre à Madame de, 211, 224, 255, 263, 319, 321, 352, 376.

Mohawk, rivière de, 153, 189, 192.

Monckton, le général, 271, 346, 347, 352.

Montalet, M. de, 8.

Montbeillard, M. de, 386.

Montcalm, M. le marquis de, départ du, 8, 9, 11, 12, 13, 14, 15, 17, 19, 20, 21, 25, 37, 50, 54, 56, 57, 66, 67, 78, 79 ; prise de Chouaguen par, 81, 82, 83, 92, 95, 96, 97, 98, 99, 100, 101, 104, 107, 109, 111, 112, 113, 115, 122, 123, 125, 127, 128, 129 ; prise du fort George par, 130, 132, 133, 135, 155, 157, 159, 161, 163, 165, 168, 169, 170, 172, 176, 177, 178, 181, 182, 183, 185, 186, 187, 189 ; lettre à, 192, 193, 194, 195, 196 ; victoire de Carillon, par, 196, 197, 198, 200, 201, 202, 203, 204, 206, 208, 209, 211, 213, 214, 215, 219, 220, 222, 230, 232, 233, 234 ; tué à la bataille de Québec, 235, 236, 237, 240, 244, 248, 250, 251, 252, 254, 256, 259, 260, 264, 265, 267, 354, 355, 389, 393.

Montmorency, saut de, 227, 228, 229.

Montréal, 15, 17, 18, 26, 27, 30, 31, 42, 45, 53, 54, 96, 100, 103, 105, 106, 107, 108, 111, 117, 119, 123, 124, 127, 137, 138, 141, 146, 147, 152, 163, 165, 166, 167, 170, 171, 172, 175, 176, 187, 190, 193, 195, 198, 202, 217, 220, 229, 230, 231, 234, 238, 240, 245, 246, 247, 299, 306, 324, 325, 336, 340, 363, 374, 376, 378, 379, 380, 385 ; reddition de, 390.

Montreuil, M. de, 100 ; grâce demandée pour, 214, 237, 250, 355.

Moore, réclamé comme déserteur, 321.

Moras, M. de, 114, 160, 161, 166, 173, 175, 178, 179, 185, 187, 194, 197, 198, 202, 203, 204.

Mortagne, M. de, 158.

Murray, M., commandant des troupes du roi de la Grande-Bretagne, 270 ; lettre de, échange de prisonniers par, 271 ; lettres de, 272, 273, 295, 296 ; réponse de, 297 ; lettre de, 301, 302, 303, 306, 309, 310, 313, 314, 315, 318, 319, 326 ; réponse de, 327, 328, 329, 330, 331 ; lettres de, 333, 335, 337, 338, 340 ; réponse de, 342, 345, 346, 347, 352, 368, 379.

N

New-Hampshire, le régiment de, 46.

New-York, 151, 152.

Niagara, 14, 16, 142, 147.

Note, 462.

Noailles, le maréchal de, 169.

Nouvelle-Angleterre, la, 80, 110, 117; Vieille, 118; Nouvelle, 133, 149, 163, 180, 199, 271, 366.

Nouvelle-York, 17, 109, 110, 116, 117, 140, 141, 151, 153, 183, 189, 211, 212, 351, 352, 387.

O

Ontario, le lac, 14, 16, 18, 142, 146, 153, 154, 187, 189, 192, 202, 211, 212, 264, 363, 372, 376.

Orange, rivière d', 48, 49, 129, 139, 140, 141, 142, 151, 154.

Orléans, île d', 228, 230.

Outaouais, les, 121, 122, 124.

P

Paris, 391.

Paulmy, M: le marquis de, lettres à, 8, 14, 93, 112, 127, 155, 156, 158, 160, 161, 166, 167, 168, 169, 170, 171, 175, 181, 182, 185, 192, 193, 251.

Pecaudy, M. de, 22, 23.

Pensens, M. de, 334.

Pensylvanie, 144, 145, 218.

Perrière, M. de la, 30, 91, 229, 365.

Perthuis, M., 86.

Piquet, M. l'abbé, 187.

Pitt, M., ministre, 395.

Pointe-aux-Trembles, la, 102, 242, 244, 290, 291, 311, 316, 317, 318, 324, 355, 362.

Pointe-de-Lévis, la, 228, 230, 305, 311.

Pologne, le roi de, 119, 164, 179, 198, 210, 216, 220, 260, 394.

Pomone, la, 311.

Pompadour, madame la marquise de, lettre à, 320.

Pontleroy, M. de, 386.

Port Royal, 150.

Pouchot, M., 363.

Poulariés, M. de, 110, 230, 238, 356.

Pressac, M. de, capitaine, 463.

Privat, le sieur de, 462.

Q

Québec, 9, 11, 12, 15, 42, 50, 54, 102, 105, 111, 113, 134, 137, 148, 157, 163, 165, 170, 171, 172, 173, 181, 183, 216, 220, 227, 234, 241; capitulation de, 243, 244, 246, 247, 248, 260, 261, 264, 270, 271, 272, 286, 287; manifeste envoyé à, 290, 294, 299, 304, 305, 306, 307, 309 ; siège levé, 311, 315, 317, 318, 323, 325, 327, 337, 345, 353, 355, 357, 359, 362, 366, 368, 370, 374, 376, 382, 385, 386, 389, 390.

Québec, évêque de, 16.

R

Ramezay, M. de, lieutenant, 242.
Rapides, les, 244, 246, 261.
Raymond, M. de, 123, 126.
Reine-Anne, le fort de, 162.
Reine, le régiment de la, 86, 94, 99, 100, 102, 105, 168, 171, 252, 378, 462.
Repentigny, M. de, 227, 229, 230, 231, 257.
Rhode-Island, le régiment de, 46.
Rigaud, M. de, 111, 186, 240.
Rigaudière, M. de la, 8.
Ristigouche, rivière, 366.
Riverain, M., cadet, 33.
Rivière-du-Loup, 148.
Roche, rivière à la, 144.
Rochebeaucour, M. de la, 8, 9, 12, 122, 125, 242, 252, 259, 355, 386.
Rochers, les deux, 33, 40, 61, 89.
Rochette, M. de La, 215.
Roquemaure, M. de, 23, 87, 120, 163, 200, 201, 252, 259, 462.
Royal-Roussillon, le régiment de, 7, 8, 11, 12, 13, 14, 16, 23, 28, 38, 53, 99, 103, 106, 109, 110, 172, 190, 229, 230, 231, 232, 233, 238, 270, 318, 319, 321, 322, 338, 358.
Russell, Christophe, capitaine au 17e régiment, 273.

S

Sabrevoix, M. de, 25, 27 ; éloge de, 63.
Sablé, M. du, 53, 63, 71, 74, 75, 80, 125.
Sacquespée, M. de, 76.
Saint-Augustin, 243, 291, 292, 314.
Saint-Charles, rivière, 228, 229, 307.
Saint-Cyr, 359, 365.
Saint-Félix, M. de, 331.
Sainte-Foye, 291 ; bataille de, 293, 309.
Saint-Frédéric, poste de, 23, 27, 29, 31, 32, 38, 42, 44, 45, 46, 51, 52, 57, 58, 63, 65, 66, 67, 70, 72, 73, 74, 83, 103, 105, 107, 110, 121, 123, 126, 188, 141, 173, 375.
Saint-Jean, le fort de, 54, 133, 152, 153, 157, 163, 191, 246, 350, 378, 380.
Saint-Jean, la rivière, 86, 148; île, 148, 149, 190.

Saint-Laurent, golfe, 134, 137, 138, 146, 148, 154, 240, 261.
Saint-Louis, ordre de, 68.
Saint-Martin, M. de, 22, 28, 70, 78, 123, 126, 257.
Saint-Ours, 379.
Saint-Pierre, le lac, 376.
Saint-Sacrement, le lac, 14, 17, 18, 26, 33, 35, 40, 52, 55, 56, 77, 79, 84, 86, 90, 92, 93, 94, 95, 103, 110, 111, 113, 114, 116, 117, 121, 123, 126, 127, 128, 131, 136, 137, 139, 149, 152, 154, 159, 161, 162, 185, 186, 189, 192, 193, 194, 196, 199, 204, 211, 212.
Sainte-Thérèse, 371.
Saint-Vincent, M. de, 33, 36, 53; mis aux arrêts, 123.
Sarre, le régiment de la, 7, 8, 12, 13, 14, 16, 99, 131, 172, 187, 190, 230, 252, 358.
Saunders, le vice-amiral, lettre du, 382.
Sauvage, M., 305.
Sauvage, la, 7, 8, 9.
Savournin, M., 334.
Senezergues, M. de, éloge de, 132, 186, 196, 200, 201.
Senneterre, M. de, fait maréchal, 120.
Sillery, 312.
Sirène, la, 7.
Sorel, la rivière de, 137, 138, 190, 374, 376, 377.
Soubise, M. le prince de, 115, 134, 166, 322.
Surbet, M., 273.

T

Tableau, 400.
Tarsac, M. de, tué, 87, 88, 94.
Témiscouata, le lac, 148.
Tour-Maubourg, M. de la, fait maréchal, 120.
Trécesson, M. de, 253.
Trivio, lieutenant, 253, 282, 356, 462.
Trois-Rivières, 103, 105, 230, 231, 232, 239, 246, 247, 374.

V

Varin, M., son départ, 175.
Vassal, le sieur, 360, 365.
Vassan, M. de, blessé, 364.

Vaudreuil, M. le marquis de, 10, 11, 13, 14, 15, 16, 17, 18, 19, 20, 22, 25, 29, 32, 42, 43, 50, 51, 57, 59, 65, 66, 74, 79, 82, 84, 91, 98, 101, 103, 104, 108, 111, 112, 115, 120, 125, 130, 133, 136, 138, 152, 155, 157, 161, 165, 169, 170, 171, 172, 173, 175, 176, 178, 179, 181, 183, 185, 186, 187, 189, 190, 193, 194, 195, 198, 202, 2 3, 204, 208, 209, 213, 219, 222, 230, 234, 235, 236, 238, 240, 241, 242, 244, 245, 264, 265, 263, 268, 270, 272, 273, 283, 284, 286, 291, 292, 294, 303, 304, 307, 303, 311, 316, 323, 331‘ 337, 342, 348, 352, 359, 362, 363, 366, 370, 373, 375, 379, 384, 387, 391; capitulation de, 395.
Vaudreuil, le fort de, 32, 53.
Vauquelin, M., 305.
Vergor, M. de, 126.
Verrier, M. le, 53, 64, 72.
Versailles, 382, 384, 389, 392, 393, 394.
Vieille-Lorette, 291, 292, 326.
Villaret, lieutenant, 33.
Villejoin, M. de, 25, 71, 258.
Villemontel, M., capitaine, 253.
Virginie, la, 144, 145.

W

Wheelock, capitaine, 351
William-Henry, le fort de, 273.
Winslow, le général, 47.
Wolfe, le général, 235.
Wolff, le sieur, 253, 356.

Y

Young, le colonel, 295, 296.

TABLE ANALYTIQUE

DES

LETTRES DE LA COUR

DE

VERSAILLES

A

Abercromby, le général, 123.

Accaron, M., 106, 110.

Aiguebelle, M. d', capitaine, gratification, 73.

Alcide, l', 68.

Aligre, M. d', 106, 111.

Amérique, 26, 52, 89, 134, 135, 193.

Andrieux, M. d', capitaine, 48.

Anglefontaine, M. d', major, 48.

Angleterre, 122, 123, 135, 137 ; le roi d', 234.

Anglois, les, 40, 114, 117, 167, 181, 182, 185 ; déroute des, 198.

Argenson, M. le comte de Voyer d', 8, 24, 25, 27, 30, 33, 38, 39, 43, 47, 50 ; lettres de, 51, 52, 53, 56, 57, 78, 79, 85, 89, 107, 194, 199, 204, 205, 221, 232, 233.

Arnouville, 191.

Artois, le régiment d', 7, 60.

Aubignac, M. d', capitaine, 45.

Aubois, M. d', 111.

Aureilhau de Pradines, M. d', capitaine, 48.

B

Baraute, Madame de, pension, 236.

Baschi, M. le comte de, 108, 111.

Bassignac, le chevalier de, capitaine, 48.

Bayonne, 112.

Bazclaire, lieutenant, 50.

Beaubassin, M. de, 114.

Beauclair, M. de, lieutenant, 46.

Beaumavielle, lieutenant, 50.

Beaumont, M. le chevalier de, 66.

Beaunes, M., lieutenant, 49.

Beaupoil, chevalier de Saint-Aulaire, lieutenant, 46.

Beauport, 136.

Béarn, le régiment de, 7, 56, 91 ; état des sujets que le Roi a agréés
     pour les charges vacantes dans le régiment de, 159.

Beauvau, M. le prince de, 194.

Bellecombe, M. de, aide-major, 49.

Belle-Isle, M. le maréchal duc de, 98, 99, 100, 106, 109, 110 ; lettre de,
     114, 115, 116, 118, 119, 120, 124, 127, 140, 146, 165, 171, 172, 174, 177,
     178, 179, 180, 182, 183, 184, 196, 197, 201, 202, 206, 207, 209, 223.

Bellot, M., croix de Saint-Louis, 73.

Bernard, M., capitaine, 238.

Bernetz, le chevalier de, commandant, 48 ; gratification, 73, 207.

Bernier, M., 155, 206, 208.

Bernis, M. de, 106.

Berry, le régiment de, passe en Canada, 68, 86 ; état des sujets que le
     Roi a agréés pour les charges vacantes dans le régiment de, 156.

Berryer, M., ministre de la marine, 106 ; lettre de, 140, 141, 142, 143,
     145, 146, 166, 170, 171, 182, 183, 185, 187, 188, 200, 202, 203, 222,
     224, 225.

Bic, le, 136.

Bigot, l'intendant, 90, 94, 95, 96, 104, 122, 135, 141, 142, 144, 145, 166,
     168, 171, 200.

Bizarre, le, 193.

Blaye, 103, 112.

Boéry de la Bossière, lieutenant, 46.

Boéry, capitaine, 46.

Boischatel de la Martinie, capitaine, 46 ; fait aide-major et chevalier
     de Saint-Louis, 209, 210.

Boisset, capitaine, 48.

Bordeaux, 101, 112, 187, 202.

Boston, 135.

Bougainville, M. de, 102 ; lettre chiffrée de, 103 ; fait colonel et chevalier de Saint-Louis, 111 ; lettre chiffrée de, 112, 114, 146, 163 ; lettre de service pour, 165, 176, 180, 181, 201, 209.

Bourdonnaye, M. de la, 66, 111.

Bourgat, capitaine, 49.

Bourgogne, le régiment de, 7, 60.

Bourcier, capitaine, 48.

Bourlamaque, M. de, 26 ; fait colonel, 35, 39 ; fait chevalier de Saint-Louis, 51 ; pension, 72, 87, 104, 105, 119, 124 ; lettre de service pour, 165, 171, 174, 175, 181.

Bourniol, lieutenant, 47.

Boyer, M., 173, 210, 211.

Brest, 14, 112, 118, 139, 140, 180, 193, 197.

Bruyère du Picon, lieutenant, 47.

Bruyère de Comminge, capitaine, 46.

Buisson, capitaine, 48.

Butet, lieutenant, 49.

C

Cabanel, de Sermet, fait lieutenant, 99.

Cadet, le sieur, 224.

Cadix, 114.

Cameville, capitaine, 48.

Canada, 7, 8, 9, 10, 14, 15, 16, 17, 19, 20, 25 ; troupes ordonnées pour le, 27, 34, 39, 40, 41, 43, 53, 54, 55, 56, 60, 62. 63, 64, 65, 66, 67, 70, 87, 91, 94, 96, 97, 100, 106, 109, 114, 117, 120, 122, 124, 125, 126, 127 ; grâces accordées aux officiers qui sont au, 128, 135, 138, 141, 142, 143, 145, 162, 165, 166, 167, 178, 182, 186, 187, 188, 191, 200, 202, 207, 223, 225, 235, 236. 237, 238.

Canadiens, les, recommandations de bien traiter les, 63, 69, 104, 170.

Carillon, le fort de, 59, 60, 86, 90 ; victoire de, *Te Deum* chanté, 109, 119, 190.

Caroline, la, 104.

Carpentier, lieutenant, pension au, 235.

Castanie, lieutenant, 50.

Chassy, le chevalier de, capitaine, croix de Saint-Louis, 74.

Cavalles, lieutenant, 47.

Célèbre, le, 193.

Celles, M. de, capitaine, 45.

Cerney, M., lieutenant, 50.

Chailly, M., capitaine, 45.

Champredon, lieutenant, 46.

Channeville, Mlle de, 108.

Charly, le sieur de, ordre de passe, 94.

Châteauvert, M. de, 120.

Chauvelin, M. de, 108, 111.

Chevert, M. de, 107.

Choiseul, M. le duc de, 106 ; lettre de, 233, 234, 235, 236, 237, 238.

Chouaguen, le fort de, expédition de, 58, 190.

Cinq-Nations, les, 117, 119.

Colombière, M. de la, fait chevalier, 67.

Combles, voyez Des Combles.

Comeau, lieutenant, 46.

Compiègne, 85, 191.

Contades, M. de, 107.

Conti, M. le prince de, 107, 111.

Contrecœur, M. de, 67.

Cormier, capitaine au régiment de Guyenne, fait chevalier de Saint-
     Louis, 51.

Crancè, M. de, pris par les Anglois, 35.

Crémille, M. de, 15, 106 ; secrétaire d'Etat, 115, 116 ; lettre de, 134,
     149, 150, 153, 155, 158, 160, 184, 185, 200, 201, 206, 207, 218.

D

Dalesme, capitaine, 48.

Dalquier (lisez d'Alquier), capitaine, gratification, 73.

Danseville, M., 141.

Dantzig, 26.

Darailh, lieutenant, 47.

Daubaride, capitaine, 45.

Daudin de Bresse, lieutenant, 47.

Delpère de Cordaillac, enseigne, 47.

D'Elvert, lieutenant, 50.

De Rous, capitaine, 48.

Desandrouins, M., capitaine, 49 ; gratification, 58 ; reçoit la croix,
     110, 141.

Desbraux, lieutenant, 49.

Deschabert, M., enseigne, 66.

Des Combles, M. Lombard, fait chevalier de Saint-Louis, 51 ; grati-
     fication à sa famille, 57.

Destar, capitaine, 48.

Deville, lieutenant, 49.

Dieskau, le baron de, maréchal de camp, 13 ; instructions au, 14, 16, 17, 18, 19, 20, 21, 22, 23 ; observations sur les instructions remises au, 24, 26 ; pris par les Anglois, 34, 53, 110.
Dissimieux, capitaine, 49.
Doms, le chevalier, major, 45.
Doreil, M., 60, 105, 175, 176, 180, 201.
Doride, le sieur, 65.
Dortoman, capitaine, aide-major, gratification, 74.
Dubois, M., lettre de, 178, 179, 236, 237.
Dubois de La Mothe, M. le comte, 87, 193.
Duboucher, M., 109.
Duboulé, M., 111.
Du Coin, capitaine, 48.
Ducros, capitaine, 48.
Dubruelh, capitaine, 46.
Du Clercy de Villars, lieutenant, 46.
Du Fresnoy, le chevalier, capitaine, 48.
Duman, lieutenant, 50.
Dumas, major des troupes, 114.
Dumesnil-Simon, aide-major, 45.
Dunkerque, 53, 95, 139.
Duparquet, capitaine, 45.
Du Portail, lieutenant, 47.
Duprat, capitaine, 46.
Dupuis de la Gernière, lieutenant, 50.
DuVerny (lisez du Vernys), Bresse, fait chevalier de Saint-Louis, 233.

E

Escouloubres, M. d', 109.
Espinouse, M. le président, 108.
Europe, 135, 138, 186.
Extravagante, l', 187, 202.

F

Faustelle, capitaine, 46.
Flavrian de la Ligné, lieutenant, 47.
Fourcet, le chevalier de, lieutenant, 46 ; gratification, 72.
Fontbonne, commandant, gratification, 73.

France, 8, 16, 18, 20, 21, 23, 24, 25, 42, 62, 91, 92 ; artillerie de, 96, 97, 100, 104, 105, 109, 134, 140, 141, 168, 174 ; refus aux officiers de repasser en, 177, 178 ; grâces accordées à quelques officiers à leur retour en, 226, 227, 228, 229, 230, 231.

G

Galard de Béarn, lieutenant, 47.
Gaudelet de Chaugy, lieutenant, 49.
Gau de Vauce, lieutenant, 46.
Germain, capitaine au régiment de la Reine, fait chevalier de Saint-Louis, 51.
George, le fort, 92, 192 ; prise du, 195 ; expédition du, 196.
Gerard, d'Haunoncelles, lieutenant, 50.
Gironde, lieutenant, 48.
Gourville, Mlle de, 144.
Gouvault de Grandpré, capitaine, 46.
Grandjean, enseigne, 50.
Grandjean, capitaine, 48.
Grive-des-Assises, M. de la, 60.
Guyenne, le régiment de, 7, 56, 66 ; état des sujets que le Roi a agréés pour les charges vacantes, dans le régiment de, 80, 99, 153.

H

Halifax, 135, 137.
Hames, enseigne, 50.
Hardy, M. l'amiral, 135.
Héros, le, 187, 202.
Haussonville, M. d', capitaine, 49.
Hert, M. d', capitaine, gratification, 73.
Hortes, Pierre, enseigne, 65.
Houades, capitaine, 45.
Houlière (lisez de Lahoulière), M., 110, 117.
Hurault de l'Hôpital, M., commandant, 53.

I

Ile-aux-Coudres, 136.
Ile-d'Orléans, 136.
Ile-Royale, 85, 87, 94, 116, 122.

J

Joannès, M. de, 207.
Jolly, M., capitaine, 49, 111.
Joux, M. le chevalier de, lieutenant-colonel, 45.

K

Kamouraska, 136.

L

La Barrière, capitaine, 49.
La Borderie, capitaine, 49.
Lafaye, capitaine, gratification, 74.
Laferté de Mun, capitaine, 45 ; croix de Saint-Louis, 72.
Laferté de Solière, lieutenant, 46.
La Flessière d'Arbousse, lieutenant, 50.
La Naudière, M. de, la croix, 114, 144.
Languedoc, le régiment de, 7, 53, 76, 65, 68 ; état des sujets que le
    Roi a agréés pour les charges vacantes dans le, 82, 95, 109, 151.
Langy, M. de, 67.
Lapause, M. de, 93, 110, 208.
Laprade, capitaine, 48.
Laprade, de Sabla, capitaine, 49.
La Roche-Aymon, lieutenant, 47.
La Rochelle, 224.
La Rochette, lieutenant, 47, 95, 201.
Laroque, lieutenant, 47.
La Saussaye, M. de, lieutenant, 49, 114 ; Madame de, veuve, pension
    à, 144.
Laumondière, lieutenant, 46.
Launay, M. de, gratification, 73.
Lavaux, enseigne, 50.
La Vienne Despériers, lieutenant, 47.
Layrat de Saint-Privat, lieutenant, 50.
Leblanc, enseigne, 50, 88.
Lefèvre, lieutenant, 49.
Le Mercier, capitaine, pension, 72, 207.
Lepaige, lieutenant, 50.
Le Tors de Larrey, lieutenant, 47.
Le Tourneur, M., 107, 237.
Levasseur, M. 167.

Lévis, M. le chevalier de, 26 ; brigadier commandant en second, 35, 39, 59 ; pension, 72, 87, 103, 104, 105, 109, 117, 119, 122, 124, 160, 161, 171 ; fait maréchal de camp, 174, 181 ; lettres et instructions au, 189 ; lettre du Roi au, 203, 209, 220, 221, 234.

Liébault, enseigne, 50.

Lisseleroy, capitaine, 45.

Londres, 181.

Longueuil, Madame de, veuve du baron de, pension, 144.

Louisbourg, 60, 61, 87, 110, 135, 168, 183 ; perte de, 186, 193.

Louis XV, ordonnance pour donner la pistole aux soldats qui auroient dû être congédiés, 8 ; ordonnance pour le décompte de trois payes de gratifications, 27 ; lettre de, 39 ; mémoire, 43 ; ordonnance concernant l'établissement de quatre compagnies, 57 ; congé temporaire à un lieutenant du régiment de la Sarre, 88 ; pardon aux déserteurs, 89, 90 ; nomination d'un lieutenant par, 98 ; nomination d'un lieutenant réformé par, 99, 165 ; commission donnée au marquis de Montcalm, par, 172 ; lettre de service pour recevoir les chevaliers de Saint-Louis, de, 173 ; lettre de, 203 ; lettre à M. le chevalier de Lévis, 204 ; lettre de, 210 ; grâces accordées par, 211, 212, 213, 214, 215, 216, 217 ; ordre au chevalier de Lévis, pour la réception des chevaliers de Saint-Louis, 219, 234.

Louisianne, la, 103.

Louvicourt, M. de, commission de capitaine, 110.

Loynes d'Hauteroche, lieutenant, 46.

Lys, le, 68.

M

Machault, M. de, lettre de, 43, 44, 60, 67, 70, 189, 191, 192.

Magalon, le sieur, 61.

Malartic, M. de, capitaine, gratification, 73; croix de Saint-Louis, 110.

Malet, enseigne, 47.

Marcel, fait capitaine, 72, 110.

Marillac, M. de, capitaine au régiment de Languedoc, fait chevalier de Saint-Louis, 51.

Maruet, lieutenant, 50.

Maron, capitaine, gratification, 73.

Martignac, capitaine, 48.

Massiac, M. de, secrétaire d'Etat de la marine, 117, 118, 119 ; lettre de, 120, 121 ; lettre chiffrée de, 122 ; lettre de, 123, 125, 127, 197, 198.

Maubeuge, M. de, pension à, 236.

Maupeou, M. de, 88.

Méritens, lieutenant, 46.

Messac, Beauclair de, M., lieutenant, 46.

Millet, de Saint-Victor, capitaine, 48.

Miraude, lieutenant, 50.

Mirepoix, M. le maréchal de, mort, 192, 194.

Molé, M. de, 88, 108.

Montalais, M. de, 193.

Montbellair de Sablon, capitaine, 46.

Montbeillard, M. de, croix de Saint-Louis, 110.

Montcalm, M. le marquis de, 26 ; maréchal de camp, 34, 35 ; lettre à,
39 ; mémoire à, 39, 4), 41, 42, 43 ; lettre à, 51, 57, 58, 61, 62, 64, 67,
72, 85, 87, 90, 91, 93, 94, 95, 96, 100, 101 ; lettre chiffrée à, 103, 108,
112 ; lettre à, 114, 115, 118, 119, 120 ; lettre chiffrée à, 122 ; lettre
à, 123, 125, 134, 135, 137 138, 140, 142, 143 ; fait lieutenant général,
145 ; lettre chiffrée à, 161, 165, lettre à, 166, 170 ; traitement distingué, 170, 172, 173 ; lettre à, 174, 178, 179, 180, 184, 185, 187, 189,
190, 192, 195, 198, 201 ; mort 14 septembre, 203, 204, 206, 207.

Montcalm, M. le comte de, 108, 109.

Montégron, M. de, lieutenant, 114.

Montfaucon, de Rogles, capitaine, 49.

Montmartel, M. de, 109.

Montmorency-Laval, M. le comte de, 66.

Monton, de la Capelière, 40.

Montréal, 23, 60 ; gratification aux Hospitalières de, 94, 145, 235.

Montréal, capitaine, 45.

Montreuil, M. le chevalier de, 14, 39, 90 ; pension à, 175, 176, 202,
232, 233.

Moran, capitaine, 45.

Moras, M. de, 60 ; lettre de, 67, 71, 85, 87, 90, 91, 93, 94, 95, 96, 97,
100, 101, 103, 107, 191, 192, 193, 195.

Morest, capitaine, 45.

Mothe-Pérouse, M. de La, 25.

N

Noailles, M. le comte de, 109.

Noguères, M. de, lieutenant, 50.

Nolin, le sieur, 98.

Nouvelle-France, 40, 44, 90.

O

Ormes, aux, 194, 199, 204, 232.

P

Palmarolle, le chevalier de, capitaine, 45 ; gratification, 72 ; pension
 à Madame de, 235.
Parfouru, M. de, fait capitaine au régiment de Languedoc, 53.
Paris, 110, 111, 114, 185, 193, 197, 233.
Paulmy, M. le marquis de, lettre de, 57, 53, 61, 62, 64, 68, 70, 107, 114,
 116, 119, 120, 189, 193, 195, 196.
Péan, M., arrivé à Québec, 124.
Pearcon, lieutenant, 50.
Pèlegrin, M., 167.
Périchon, M., trésorier général des colonies, 225.
Perrin de Grandpré, capitaine, 46.
Pontleroy, M. de, lieutenant-colonel, 110, 121, 141.
Pouchot, capitaine, gratification, 73, 117.
Poulariés, capitaine des grenadiers, 48, gratification, 73.
Praimond, M., une pension, 114.
Presles, capitaine, 49.
Preyssac de Bonneau, capitaine au régiment de Guyenne, 234.

Q

Québec, 23, 65 ; gratification aux Hospitalières de, 94, 113, 114, 120,
 136, 137, 138, 145, 167, 207 ; aux Anglois, 208.

R

Rambois, capitaine, 49.
Raymond, M. de, capitaine, croix de Saint-Louis, 144.
Reine, le régiment de la, 7, 53, 56, 65, 68 ; état des sujets que le Roi
 a agréés pour les charges vacantes dans, 75, 95.
Rémigny, le chevalier de, capitaine, 45 ; croix de Saint-Louis, 72.
Ribereys, lieutenant, 47.
Richelieu, M. le maréchal de, 107, 110.
Rigaud, M. de, 86.
Rimbe, capitaine, 45.
Rivals de Boussac, enseigne, 47.
Rochebeaucour, M. de la, éloge de, 232.
Rochefort, 112, 139, 140.
Roger, lieutenant, 49.
Romania, lieutenant, 47.
Roquemaure, M. de, commandant du régiment de la Reine, 52, 105 ;
 brigadier, 208.

Rosmorduc, capitaine, croix de Saint Louis, 73 ; congé à, 91.

Rostaing, le sieur de, 14, 22 ; tué, 35.

Rouillé, M. de, lettre de, 87, 88, 185, 186.

Roussèau de Vermont, lieutenant. 47.

Rouvray, Lenoir de, M., capitaine au régiment de la Sarre, 235.

Royal-Roussillon, le régiment de, 26, 28, 31, 34, 36, liste des officiers
   du, 48, 56 ; états des sujets que le Roi a agréés pour les charges
   vacantes dans, 79 ; état des sujets que le Roi a agréés pour les
   charges vacantes dans le second bataillon du, 147.

S

Saint-Alambert, lieutenant, 49.

Saint-Aulaire, capitaine, 45.

Saint-Cyr, école de, 58.

Saint-Félix, M. de, lieutenant, 49.

Saint-Frédéric, le fort de, 86.

Saint-Ignon de Nitting, lieutenant, 50.

Saint-Julhien, M. de, 60.

Saint-Laurent, M. de, 111.

Saint-Louis, ordre de, 52, 105, 173, 208, 218 ; instructions pour recevoir des chevaliers de l', 220, 236.

Saint-Paul, baie, 136.

Saint-Rome, le sieur de, 100.

Saint-Sacrement, le lac, 190.

Saint-Vincent, M. de, capitaine, 48.

Salbater, capitaine, 48.

Sarre, le régiment de la, 26, 31, 34, 36 ; liste des officiers du, 45, 56 ;
   état des sujets que le Roi a agréés pour les charges vacantes dans,
   81, 98, 147.

Sauniat, capitaine, 49.

Saussaye, voyez La Saussaye.

Savournin, Saint-Jean, M. le chevalier de, lieutenant, 46 ; gratification, 72.

Sorbière, M. de La, 178.

Soreau, lieutenant, 50.

Soubise, M. le prince de, 107, 235.

Surgan d'Erée, lieutenant, 47.

Syrène, la, 120.

Selve, lieutenant, 46.

Senezergues de la Rode, commandant, 45 ; pension à, 72, 105 ; lettre
   de service pour, 165, 181, 201, 202.

Sept-Iles, la baie des, 135, 136.

Serrurier, enseigne, 50.

Serviés, capitaine, 49.

T

Théart, lieutenant, 47.
Thiballier, capitaine, 49.
Tour, le P. de La, 111.
Tournenière, la Salle de, capitaine, 46.
Trépezec, M. de, capitaine au régiment de Béarn, 51 ; tué, 184.
Triaire, M., 178.
Trois-Rivières, 23, 113, 138.
Tuméron, M. de, 26.

V

Valette, capitaine, 48 ; croix de Saint-Louis, 73.
Vallier, M. de, 104.
Vassal, Madame, pension à, 236.
Vassoigne, capitaine, 46.
Vaudreuil, M. le marquis de, 40, 41, 42, 43, 44 ; lettre à, 52, 59, 67, 68,
    86, 90, 91, 93, 94, 96, 97, 100, 101, 102, 104, 117, 121, 122, 124, 125,
    126, 135, 136, 137, 138, 140, 141, 142, 143. 144, 145, 146, 161, 162,
    163, 166, 169, 170, 171, 182, 183, 188, 191, 192, 195, 200, 208 ; recom-
    mandation de bonne entente à, 222 ; suspension des lettres de
    change de la colonie, par, 223.
Vauquelin, le sieur, 168.
Vendosmois de Fontaine, lieutenant, 50.
Verrier, M. Le, 114.
Versailles, 8, 13, 24, 27, 30, 33, 38, 39, 43, 47, 50, 51, 52, 56, 57, 58, 61,
    62, 64, 67, 78, 79, 85, 87, 89, 91, 93, 94, 95, 96, 98, 99, 101, 109, 114,
    116, 118, 119, 120, 122, 123, 125, 134, 140, 142, 143, 145, 149, 150, 153,
    155, 158, 160, 161, 165, 166, 170, 172, 173, 174, 178, 179, 180, 184, 187,
    189, 192, 195, 196, 198, 200, 201, 202, 204, 210, 218, 219, 221, 222, 224,
    225, 233, 234, 236, 237, 238.
Vignau, M., capitaine, 46.
Villars, M. le chevalier de, capitaine, 45.
Villeneuve, M., lieutenant, 47.
Villiers, M. de, 67.
Vivier (lisez Duvivier), M. le chevalier, capitaine, gratification, 74.

W

Wolfe, le général, 133.

TABLE ANALYTIQUE

DES

PIÈCES MILITAIRES

A

Abercromby, le général, 44; lettre du, 233, 235; lettre au, 237; lettre du, 238; lettre au, 241; lettre du, 242, 243, 255.

Abraham, les plaines d', 201, 202.

Acadie, 146; mémoire sur l', 315.

Acadiens, les, 159, 161, 162, 277.

Aillebout, M. d', 166.

Amérique septentrionale, 79, 106, 259, 271, 274; mémoire pour servir aux limites des possessions des François et Anglois dans l', 347.

Amherst, le général, lettre au, 243; lettre du, 244; lettre au, 247; lettre du, 249, 251, 253, 254, 256, 259, 261, 262, 263, 265, 267, 269, 271.

Ange-Gardien, le curé de l', 276, 278.

Angleterre, Nouvelle, dénombrement des troupes dans la, 313.

Angleterre, Vieille, 79, 256, 257, 274, 275, 277.

Anglois, les, 30, 71, 74; position des, 79, 80, 90, 92, 101, 144, 147, 149, 153, 154, 155, 157, 159, 160, 161, 185, 190, 191, 193, 207, 216, 217, 220, 271; lettre de la part des, 276, 277, 278, 282, 284; déposition d'un prisonnier, 315.

Anse-des-Mères. 95, 102.

Anticosti, l'île d', 89.

Arennes, M d', 76.

Arnoux, M., 204.

Aubrespy, le sieur d', 238.

B

Batiscan, 263.

Baudard de Vaudésir, trésorier général des colonies, 318.

Béarn, le régiment de, 20, 163 ; état de l'ancienneté des services de
   MM. les officiers du, 288.

Beauport, 95, 98, 99, 100, 161, 170, 205.

Bellecombe. M. de, 204.

Belle Isle, M. le maréchal, duc de, 75, 77, 78, 117.

Belle-Rivière, la, 28, 50, 146, 153.

Benoist, M., 156.

Bernard, M., 52, 233.

Bernier, M., 202, 263, 267.

Berry, le régiment de, 157.

Berryer, M. de, mémoire à, 74, 75, 77, 78.

Bic, le, 159, 209, 218, 234, 226, 227, 228, 230.

Bigot, l'intendant, 14, 15, 54, 56, 57, 58, 60, 61, 167, 168, 175, 209, 212,
   225, 227, 317.

Boishébert, M. de, 104, 146, 161.

Bonnafous, M. de, 19.

Bonneau, capitaine, 233, 234, 235, 236, 239, 245, 246, 247, 250, 251, 252,
   253, 254.

Boucherville, M. de, 278.

Bougainville, M. de, 53, 90, 209, 225, 227, 241, 242, 255, 258, 259, 264.

Bourlamaque, M. de, colonel, 8, 10, 12, 16, 21, 22, 24, 30, 152, 165, 166,
   209, 225, 227, 244, 254, 258.

Braux, M. de, 263, 267, 270.

C

Calan, M. de, 76, 179.

Campbell, M. Alexander, lettre de, 269.

Canada, 38, 74, 75, 76, 77, 78, 81, 82, 83, 84, 86, 87, 89, 90, 95, 103, 106,
   138, 144, 208, 234, 236, 277, 285; mémoire sur le, 315.

Canadiens, les, 23, 26, 28, 31, 33, 35, 39, 42, 43, 47, 48, 49, 50, 52, 89, 96,
   145, 146, 149, 151, 153, 154, 155, 156, 157, 159, 162, 163, 165, 167, 169;
   incorporation des, 171, 176, 178, 179, 199, 202, 214, 215, 219, 220,
   221, 222, 223, 274, 275, 276, 278, 281, 282, 284, 285, 355.

Canseau, la pointe de, 89.

Cap Rouge, rivière du, 161, 168, 169, 178.

Cap-Santé, 184, 204.

Carillon, le fort de, 19, 21, 23, 26, 27, 31, 33, 51, 52, 53, 61; défense du,
   107, 111, 119, 124, 138, 139, 142, 148, 149, 157, 158, 161, 165, 257.

Caroline, la, 90.
Cèdres, les, 155, 186.
Chambly, 20, 23, 146.
Champlain, le lac, 48, 63, 79, 85, 148, 159, 163, 182, 187, 213, 215, 217, 219.
Charlesbourg, 205.
Cherry, Thomas, déposition de, 316.
Choiseul, M. le duc de, 75.
Chouaguen, le fort de, 32, 52, 154, 315.
Chute, portage de la, 33
Cinq-Nations, les, 25, 28, 144, 181.
Corbière, le sieur de, 154.
Corlar, la rivière de, 25, 79, 155.
Corne, voyez La Corne.
Cotte, le sieur, 244.
Courval, le sieur de, 178
Cramahé, M., 279, 280, 282, 284.
Crémille, M. de, 75, 77, 78.

D

Dalquier (lisez d'Alquier), M., lieutenant-colonel, 317.
Desandrouins, M., 21, 23; mémoire de, 61, 63, 64, 148 ; mémoire sur
    le Canada par, 319; lettre de, 340, 344.
Des Ligneris, M., 153.
Despinassy, lisez d'Espinassy, M., 155.
Détroit, le, 153.
Diamant, le cap, 193, 201, 202.
Doreil, M., commissaire-ordonnateur, 14.
Douglas, M., 267.
Dumas, M., major, 173, 179.
Duprat, M , 52, 76.
Duquesne, le fort, 50.
Duserre, M., capitaine, 179.

E

Eboulements, les, 85, 159, 228, 229.
Edouard, le fort, 244.
Erié, le lac, 153.
Estrées, M. le maréchal d', 75.
Europe, 39, 79, 81, 83, 185, 196, 203, 220, 234, 236, 270, 271, 316.
Evêque de Québec, M. l', 225, 227.

F

Figuiéry, M. de, 263, 267.
Fouquières, M. de, 114.
France, 7, 8, 13, 15, 41, 50, 72, 74, 75, 78, 81, 87, 88, 90, 144, 158, 159
    220, 249, 256, 257, 273, 274.
François, les, 36 ; position des, 79, 151, 153, 199, 275, 316.
Frontenac, le fort de, 52, 146, 154, 243. 265.
Fourcroy, M. de, 343.

G

Gage, le général, 315, 317.
Ganaouské, la baie de, 238.
Gaspé, M. de, 34.
Georges, le fort, 20, 26, 30, 38, 40.
Georges, le lac, 233, 238, 241, 242, 243, 249, 251.
Granet, M., cadet, 233, 235.
Grant, le major, 245, 246, 247 ; lettre au, 248, 249, 250, 251, 252, 253, 254.
Grosse-Ile, la, 67.
Guyenne, le régiment de, 19, 20, 24, 126, 128, 163; état de l'ancienneté
    des services de MM. les officiers du, 288.

H

Halifax, 79.
Hamilton, lieutenant, 255, 258, 263; pris par les Abénakis, 266.
Hébécourt, M. d', 76, 148.
Hocquart, pointe à, 62.
Hudson, baie d', projet contre la, 76.

I

Ile-aux-Bois-Blancs, 315
Ile-aux-Coudres, 69, 72, 85, 159, 160, 228, 278.
Ile-aux-Grues, 68, 69.
Ile-aux-Noix, 61, 62, 165, 316, 317.
Ile-aux-Oies, 67, 68.
Ile-Madame, 67.
Ile-Verte, 159.
Illinois, les, 153.
Iroquois, les, 25.

J

Jacques-Cartier, la rivière, 168, 169, 178, 186, 200, 204.
Jacquot de Fiedmond, le sieur, 43, 86, 127.
Jaubert, M. de, lieutenant, 233, 255.
Johnson, le colonel, 315, 316, 317.

K

Kamouraska, 71, 72, 95, 149.
Kennedy, capitaine, 255, 258, 263; pris par les Abénakis, 266.

L

Lachine, 53, 143, 157.
La Corne, M. le chevalier de, 165.
La Naùdière, M. de, 104, 105.
Languedoc, le régiment de, 19, 20, 24, 126, 128, 163, 179; état de l'an-
    cienneté des services de MM. les officiers du, 288.
Lapause, M. de, 21, 24, 76.
Laprairie, 53, 86, 165, 166.
La Rochelle, lieutenant, 233, 235.
Lascelles, le général, 267.
Legris, le sieur, 209, 224, 225, 226, 227.
Le Maître, M., 267.
Le Mercier, M. le chevalier, 19, 21; mémoire à, 37, 39, 43, 149, 163,
    179, 353.
Lepage, le sieur, 209.
Lessay (ou Lest), la pointe de, 98, 99.
Levasseur, le sieur, 86, 101.
Lévis, la pointe de, 64, 65, 72, 95, 96, 159.
Lévis, M. le chevalier de, 8, 10, 12; instruction pour, 19, 20, 21, 22, 23,
    24, 31, 32, 56, 127, 128, 152, 161, 162, 170, 181, 182, 183, 184, 209,
    210; instruction à, 213, 214, 215, 216, 217, 218, 220, 222, 225, 227,
    230; lettre à, 259, 261, 262, 270, 271, 272; proclamation de, 318.
Ligneris, voyez Des Ligneris.
Ligonier, M. le général, lettre de, 270.
Lorette, 191, 192, 196, 198, 200, 201, 204, 205.
Loudon, le général, 32, 33; lettre du, 236.
Louisbourg, 26, 30, 32, 49, 79, 116.
Louisiane, la, 75, 87, 88, 89, 90.
Lusignan, M. de, 20.
Luynes, M. le cardinal de, mémoire à, 78.
Lydius, le fort, 26, 30; projet pour aller au, 32, 35, 37, 40.

M

Machault, le fort, 153.

Malbaie, la, 159.

Manneville, M. de, capitaine, 266.

Margot, la pointe à, 62.

Marsin, M. de, 343.

Martel, M., 165; instructions pour, 167, 168.

Martin, capitaine, 234, 235.

Méloises, M. des, 20, 272.

Mille-Iles, les, 238.

Milletière, M. de la, 250, 252, 254.

Miramichi, 161.

Mississagués, les, 153.

Molé, M., 225.

Monckton, le général, lettre du, 259, 261, 262, 264, 266, 282.

Montbarez, M. le prince de, 341, 343.

Montbeillard, M. de, 43, 212.

Montcalm, M. le marquis de, instructions concernant le service et la
   discipline par, 12, 15, 17, 19, 22, 24, 25, 26, 27, 28; mémoire de, 29,
   30, 31, 32, 37, 39, 40, 41, 42, 43; ordre du, 44; mesures à prendre
   pour la défense de la colonie par, 45, 47, 51, 54, 56, 59; mémoire
   de, 60, 61, 74, 76, 88, 89, 91; mémoire à, 95; ordre de, 106, 107, 144,
   145, 146, 148, 152, 153, 161, 162, 166, 168, 170, 172, 175, 177, 180, 182,
   218; lettre à, 233, 235, 236; lettre de, 237; lettre à, 238; lettre de,
   241; lettre à, 242, 243; lettre de, 243; lettre à, 244; lettre de, 247,
   248; lettre à, 249; lettre de, 251, 253; lettre à, 256, 318.

Montigny, le sieur de, 154.

Montmorency, le saut, 95, 97, 98, 99, 161, 162, 276.

Montréal, 10, 11, 14, 20, 21, 32, 35, 50, 53, 56, 59, 60, 80, 88, 106, 143, 144,
   152, 155, 157, 160, 162, 163, 166, 168, 182, 183, 203, 208, 210, 214, 215,
   218, 221, 225, 227, 229, 231, 247, 249, 263, 266, 269, 270, 317.

Montreuil, M. le chevalier de, 175.

Murray, le général, 184, 201, 215, 219, 222, lettre au, 272; proclamation du, 279, 280, 282; proclamation du, pour fixer la valeur des
   monnoies courantes, 283; proclamation du, 284, 285.

N

Niagara, le fort de, 52, 80, 147, 149, 153, 154, 155, 255, 257.

O

Ohio, 153.

Oies, le cap aux, 209, 224, 226, 228, 230.

Ontario, le lac, 48, 79, 85, 182, 213, 215, 217, 219.

Orange, 30.

Orléans, l'ile d', 64, 65, 67, 72, 86, 91, 92, 160, 161.

P

Paulmy, M. le marquis de, 22.

Péan, Madame, 246, 247.

Pèlegrin, le sieur, 86; lettre du, 91, 94, 179.

Pitt, M. W., lettre de, 271, 272.

Pointe-au-Baril, 155, 166.

Pointe-aux-Trembles, 186, 200, 204.

Pompadour, Madame de, 75, 76.

Pontleroy, M. de, 42, 49; mémoire de, 95, 105, 146, 149, 178, 179, 203.

Pouchot, le sieur, 52, 76, 147, 150, 154, 155, 156.

Présentation, la, 147, 148, 154, 155.

Q

Québec, 7, 10, 12, 39, 43, 49, 50, 53, 57, 60, 72, 75, 78, 80, 85, 90, 91, 93, 95, 96, 103, 105, 106, 107, 144, 149, 150, 151, 152, 154, 155, 157, 158, 160, 161; défense des environs de, 162, 164, 165, 166, 167, 168, 170, 171, 177; projet d'attaque sur, 185, 186, 187, 191, 196, 197, 199, 200, 201, 202, 203; mémoire sur le siège de, 204, 206, 208, 213, 214, 216, 217, 219, 220, 221, 222, 231, 232, 243, 259, 262, 266, 267, 269, 272, 278, 280, 316, 344.

R

Ramezay, M. de, 163, 164.

Rapides, les, 157, 317.

Reaux, île aux, 67, 91.

Reine, le régiment de la, 19, 20, 24, 157; état de l'ancienneté des services de MM. les officiers du, 288.

Rémillat, M., cadet, 233, 235.

Repentigny, M. de, 200, 276.

Régie, le chevalier, 233, 235.

Richelieu, le, 163.

Rigaud, M. de, instructions pour, 165, 166, 167, 209.
Rimouski, 159.
Rochebeaucour, M. de la, 24, 76, 179.
Royal-Roussillon, le régiment de, 20, 23, 163.

S

Sackville, milord, 270.
Sainte-Anne, 92, 95, 97, 160, 161.
Saint-Barnabé, 159, 209, 218, 224, 225, 226, 228, 230.
Saint-Charles, la pointe, 53.
Saint-Charles, la rivière, 95, 98, 99, 100, 101, 103, 162, 168, 169, 178, 179.
Sainte-Foye, 191, 192, 196, 197, 199, 200, 201, 204, 205; ordre au curé de, 278, 279.
Sainte-Thérèse, 53.
Saint-Fréderic, le fort de, 19, 20, 23, 24, 31, 51, 52, 63, 64, 149, 158, 165, 315.
Saint-Jean, le fort de, 20, 23, 24, 27, 48, 52, 61, 143, 157, 158, 165.
Saint-Jean, la rivière, 146, 149, 161.
Saint-Joachim, 92, 95, 97, 150, 159.
Saint-Laurent, le fleuve, 64, 78, 79, 95, 97, 103, 162.
Saint-Louis, le saut, 165.
Saint-Michel, 65, 66.
Saint-Paul, la baie, 278.
Saint-Pierre et Miquelon, mémoire sur les îles de, 344.
Saint-Sacrement, le lac, 25, 26, 27, 30, 31, 32, 33, 34, 148, 149, 157, 244.
Saint-Vallier, 65.
Saniquer, M. de, 343.
Sarre, le régiment de la, 19, 20, 24, 163, 174.
Sartine, M. de, 341.
Saunders, l'amiral, lettre de, 262, 267.
Savard, M., capitaine de milice, 229.
Saxe, M. de, 125.
Schuyler, le colonel, 234, 235, 239, 265.
Senezergues, M. de, 175.
Sillery, 95, 102, 170, 181.
Small, lieutenant, 233, 238, 240.
Stakes, M. le Dr, 210.

T

Tableaux, 296, 300, 304, 311.
Toronto, 153.
Tourmente, le cap, 86, 91, 92.
Tremblay, M., capitaine de milice, 229.
Trois-Rivières, 20, 57, 60, 86, 106, 157, 159, 160, 163, 164, 184, 204, 214, 215, 221.

V

Valtrie, M. de la, 19, 20.

Vauban, M. de, 124, 133.

Vaudreuil, M. le marquis de, 7, 13, 14, 15, 16, 18, 24; mémoire donné par, 25, 27, 28, 29, 30, 31, 32, 41, 46, 47, 48, 49; mémoire à, 51, 52, 53; ordonnance de, 54, 59, 60; lettre à, 91; mémoire à, 95, 143; réponse de, 144, 145, 152; plans de campagne par, 153, 162, 167, 171 174, 175, 176, 177; emploi des sauvages par, 180, 181; ordonnance de, 182, 183, 184; lettre de, 208, 210, 211, 218, 219, 221; ordonnance de, 224, 226, 228, 234, 235, 237, 238, 239, 241, 242, 247, 248, 250, 258, 261; lettre à, 262; lettre de, 264, 266 ; lettre à, 269, 271, 276, 277, 281.

Vauquelin, M., 163, 183.

Versailles, 90.

Vézou de Fournerie, M., 23.

W

William-Henry, le fort, 41, 236.

Wolfe, le général, 252; proclamation du, 273, 276, 282.

Wolff, lieutenant, 44, 237, 238, 239, 240, 242.

Y

Young, le colonel, 236, 268.

TABLE ANALYTIQUE

DES

LETTRES DE BOURLAMAQUE

A

Abénakis, les, 39, 76, 77, 105, 139, 158, 172, 214, 216, 254.

Abercromby, le général, 19, 78, 79, 282, 290.

Acadiens, les, 221.

Aiguebelle, M. d', 208, 210.

Aillebout, M. d', 254.

Alérac, M. d', 134.

Amherst, le général, 18, 22, 36, 39, 40, 41, 46, 49, 52, 63, 68, 70, 75, 77, 78, 83, 89, 93, 95, 97, 118, 308, 319, 321; lettre du, 331, 332; lettre au, 338, 341, 345, 346, 348.

Anectogou, soupçons sur, 11,

Angleterre, 95, 96, 345.

Anglois, les, 15, 20, 21, 22, 24, 25, 28, 33, 35, 38, 39, 40, 43, 44, 50, 51, 55, 61, 65, 66, 67, 72, 74, 78, 79, 80, 83, 87, 88, 89, 90, 95, 103, 105, 108, 111, 113, 123, 124, 137, 151, 153, 154, 163, 182, 200; demandent la neutralité aux sauvages, 217, 228; rétablissent les forts Bull et Théoga, 247, 253, 263, 266, 267, 274, 281, 282, 294, 299, 303, 306, 311, 321, 322, 335; ravages des, 354, 358, 359.

Arbouillin, M., 117.

Arenne, M. d', 195, 266, 310.

Argenson, M. le comte d', 142; exilé, 160.

Arnoux, M., 132, 134, 135, 149, 157, 173, 183, 187, 188, 189, 194, 207, 212, 224, 227, 238, 255, 276, 284, 297.

Arseval, M. d', 270.

Asserat, M. d', 59, 257.

Astret, M. d', lieutenant de Languedoc, 147.

Aubert, M., 36, 317, 327, 328, 330, 331.

Aubrespy, M. d', 192, 195; épouse Mlle Douville, 310.

Aubry, M.. 279, 281.

Aureilhau, M. d', 250, 279.

B

Badelard, M., 284, 293, 294, 296.

Bailleul, M. de, 132.

Baraute, Madame de, 149, 217, 304.

Barbuc, rivière à la, 9.

Baralon, M. de, 87.

Barrail, M. du, maréchal de camp, 319.

Bartouille, M., 58.

Basserode, M. de, 66, 236; croix de Saint-Louis, 316.

Bauffremont, M. de, 161.

Beaubassin, Madame de, 134, 148, 149, 208, 237, 245.

Beauclair, M. de, 81, 209, 297.

Beaucourt, Madame de, mort de, 292.

Beaudoin, M., 279.

Beaupré, M. de, 261.

Beauséjour, 198, 264.

Béarn, le régiment de, 140, 148, 155, 156, 165, 172; plaintes sur, 173, 174, 179, 193, 195, 208, 249; deux soldats exécutés dans, 252, 264, 272, 275, 278, 294, 297, 299, 318.

Beauport, 326, 328; le chevalier de Lévis au camp de, 335, 337, 338.

Beaussier, M. de, 161.

Bellecombe, M. de, 165, 176, 184, 210.

Bellestre, M. de, 199, 292, 307, 312.

Belle-Isle, M. le maréchal, duc de, 178; lettre à, 278, 313, 319.

Belle-Rivière, la, 149, 152, 163, 165, 172, 182, 204, 211, 222, 247, 262, 268, 275, 277, 278, 279, 280, 281, 292, 302; défaite de l'armée de, 343.

Bellerose, M, 238.

Bellot, M., 99, 101; lettre de, 103, 104, 106, 202, 216, 279.

Benoist, M., aide-major, 143, 281, 292, 295, 303, 305, 308.

Bernard, M., 191; croix de Saint-Louis, 316.

Bernetz, M. l'abbé de, 177.

Bernetz, M. le chevalier de, 152, 170, 191, 196, 197; lettre de, 356; réponse à, 358.

Bernier, M., 269, 272, 284, 293, 294.

Bernis, M. l'abbé de, 258; lettre de, 261.

Berthier, 43, 82, 83, 88, 90, 91, 93.

Berry, le régiment de, 54, 55, 56, 57; revue du régiment de, 60, 79, 82, 86, 92, 99, 103, 110, 121, 199, 209, 215, 222, 230, 237, 238, 248, 256, 258, 259, 261, 264, 265, 270; trois déserteurs du, 274, 275, 276, 284, 293, 294, 296, 308, 309, 317, 318.

Bic, le, 328, 330.

Bigot, l'intendant, 109, 139, 199, 204, 208, 210, 211, 218, 222, 223, 226, 229, 230, 232, 236, 238, 239, 214, 248, 249, 250, 258, 263, 265, 268, 270, 276, 280, 284, 286, 298, 299, 300, 301, 305, 309; lettre de, 316, 327, 328.

Blackney, capitaine, 239, 246.

Blackney, le régiment de, 18.

Blainville, M. de, 116.

Boishébert, M. de, 210, 215, 221, 337, 339.

Bonafoux, M., 221

Bonne, le sieur de, 207, 210.

Bonneau, M., 283.

Boucherville, M. de, 256.

Boucherville, 27, 110, 111, 112, 113, 114, 115, 118, 119, 122, 124, 201 ; conseil de guerre à, 210.

Bougainville, M. de, 77 ; blessé, 102, 120, 177, 204, 220, 224, 233, 258, 278, 280, 296, 298 ; croix de Saint-Louis, 312, 313, 347, 348, 349 ; lettre de, donnant nouvelles de France, 350, 351, 354, 355 ; lettre de, 357.

Bourgat, M. de, 129.

Bourgeois, sergent, 9.

Bourlamaque, M. de, 7, 17 ; lettre de, 23 ; déposition importante d'un prisonnier anglois à, 35, 53 ; ordonnance de, 54 ; injuste envers les Canadiens, 102 ; lettre à, 103, 127, 157, 161, 178, 185 ; recommandé à M. le dauphin, 194, 244, 264, 268, 269, 278, 281, 282, 321, 324, 327, 328, 342 ; ennemi repoussé par, 343, 344, 347 ; lettre à, 350, 351, 353, 354, 355, 356 ; réponse de, 358.

Bordax, le régiment de, 18.

Brénilli, M., 284, 294.

Breton, le vaisseau, nouvelles de France par, 175.

Brieux, M. de, 178.

Briot, M., 297.

Brisebois, M., 185, 189.

Bristol, le vaisseau, 197 ; arrivée du, 199.

C

Cabenac, M. de, 178.

Cadet, M., 204, 220, 226, 282, 299, 302, 328.

Cadillac, M. de, 51, 78.

Calan, M. de, 86, 120, 121, 123, 236.

Canada, 38, 52 ; milice du, 102, 136, 199, 289, 295, 314, 332.

Canadiens, les, 14, 23 ; envoyés aux récoltes, 42 ; malades ou estro-
    piés, 46, 48, 51, 65, 71, 81, 87, 95, 99, 119, 122, 148, 154, 164, 167, 169,
    171, 173, 190, 191, 193, 202, 205, 213, 215, 216, 228, 238, 244 ; muti-
    nerie des, 279, 280, 282, 283, 291, 303, 306, 309, 321, 328, 344.

Cap-Rouge, la rivière du, 326 ; les Anglois à, 347.

Carillon, le fort de, 9, 10, 11 ; déserteur anglois à, 18, 24, 25, 26 ; mala-
    die à, 41, 42, 46, 58, 72, 80, 128, 131, 132, 134, 137 ; Sarégoa à, 151,
    165, 166, 172, 179, 180, 181, 185, 186, 187, 191, 192, 193, 195, 196,
    198, 203, 205, 212, 213, 218, 220, 221, 232, 233, 238, 239, 244, 245, 247,
    254, 258, 259, 265, 266, 274, 275, 276, 278, 283, 289, 290, 292, 303, 308
    309, 310, 332.

Castels, M., 254, 291, 300.

Céloron, M. de, 180, 286.

Chabert, M. de, 215, 219, 222, 228.

Chambaran, M. de, 50, 57, 61, 71, 100.

Chambly, 34, 39, 41, 45, 46, 47, 49, 53, 55, 75, 78, 80, 84, 86, 92, 95, 98, 99,
    104, 105, 107, 110, 113, 117, 118, 122, 167, 169, 171, 173, 233, 257, 261.

Chambly, la rivière, 14, 20, 43, 48, 52, 104, 106.

Champigny, sergent, 176, 184.

Champlain, le lac, 11, 94, 95, 96, 97, 130, 148

Charly, M. de, 186.

Chaouénons, les, 311, 312.

Chassignolles, M. de, 36; croix de Saint-Louis, 316.

Chasy, la rivière, 64, 65, 68, 70.

Châteauguay, le fort de, 24, 25, 27, 34.

Chevrotière, M. de la, 214.

Chouaguen, la rivière, 138.

Chouaguen, le fort de, 19, 132, 137, 171, 177, 257, 258, 351, 352.

Chute, la, 169, 172, 173, 179, 189, 190.

Cinq-Nations, les, 138, 150, 155, 175, 215, 219, 227, 228, 233, 254, 307.

Clairville, M. de, 222, 248, 255.

Clapier, M., 15, 33.

Cléricy, M. de, 105.

Cleveland, M. de, 143.

Coltivel, M., 246, 256.

Colle, rivière à la, 21.

Combles, voyez Des Combles.

Colombière, M. de la, 15, 33, 35; croix de Saint-Louis, 193.

Contades, M. le maréchal de, 79.

Contrecœur, M. de, 141, 188; gratification, 193.

Corbière, M. de, 280, 308.

Corlar, 12, 138, 211, 274.

Corne, voyez La Corne.

Cornier, M. de, 103, 130, 298; blessé, 358.
Couagne (lisez Decouagne), Madame, 137, 219.
Courtemanche, M. de, 172, 179, 186, 190; à l'Ile-d'Oriéans, 329.
Créty, M., 219.
Crèvecœur, M. de, 237, 298.

D

Dalquier (lisez d'Alquier), M., 185, 187, 191, 197, 207.
Damville, M., 236.
Dayman, M., 279.
De Bon, M., lettre à, 133.
Delisle, M., lettre à, 353; lettre de, 353, 355.
Denos, M., 103.
Desandrouins, M., ingénieur, 30, 104, 145, 187, 231, 239, 275, 305; croix
    de Saint-Louis, 316, 336, 351.
Deschambault, 44; incursion des ennemis à, 341, 345, 355.
Deschambault, Madame, 137.
Deschambault, M., 202, 216, 219, 233, 239, 251, 254, 272, 298, 300, 303.
Deschamps, capitaine, 108.
Deschenaux, M., 227.
Des Combles, M., 43.
Desfonds, le sieur, 137.
Des Ligneris, M., 23, 26, 150, 152, 164; gratification à, 193, 222, 280;
    abandonne le fort Machault, 281, 306, 311.
Despinassy (lisez d'Espinassy), M., 226, 298, 304.
Desplaines, M., 122.
Détroit, sauvages du, 152; nouvelles des sauvages du, 290, 302, 306, 307.
Deux-Montagnes, le lac, 138.
Doigners, M., 219.
Doreil, M., 145, 157, 169, 176, 180, 194, 203, 204, 210, 215, 220, 221, 226,
    237, 238, 245, 246, 254, 255, 261, 262, 264, 265, 263, 268, 269, 296,
    297, 313, 351.
Dorseval, M., 325.
Douglas, capitaine, 335.
Douville, M., 307.
Dreux, M. le chevalier de, 175.
Drucour, Mlle, de, 148, 216.
Duchat, capitaine, 140.
Duché, M., chef d'escadre, 160.
Du Coin, M., 156.
Dufay, M., 247, 254, 274.
Dufils, M., 140, 291, 293.

Dugros, M., 250.
Dumas, M., 81, 82, 83, 98, 106, 109, 138, 140, 141, 146, 150, 179, 185, 203, 211, 216, 222, 224, 255, 267, 272, 275, 290; croix de Saint-Louis, 316, 339.
Dumuys, M., 137, 311.
Duparquet, M., 106, 116, 119, 138.
Duplessis, M., 136, 202, 251.
Duquesne, le fort, 148, 152, 162, 163, 164, 244; défaite du major Grant devant le fort, 279, 292, 307.
Duquesne, M., 141, 146.
Durantaye, M. de la, 202, 217, 266.
Durell, M., chef d'escadre, hiverne à Halifax, 327, 328,
Du Roquan, M., 115.
Dussault, le sieur, 113.
Duverny (lisez du Vernys), M., 9, 32, 109, 280, 318, 326.

E

Emery, M., 284.
Europe, nouvelles d', 239, 240, 241, 242, 243.

F

Fauclon, Joseph, dit Sans-Chagrin, sergent, 29.
Fayol, M., 154.
Ferre, M. de la, 255.
Fers, pointe aux, 21, 22, 63, 70.
Figuiéry, M. de, 167.
Fleury, M., 151.
Florimond, M. de, 339.
Fontbonne, M. de, 127, 136, 161, 211, 251, 261, 276 ; blessé et prisonnier, 356, 358.
Fontbrune, M. de, 209.
Forbes, le général, 311.
Forbes, le régiment de, 18.
Force, le sieur de La, 129, 132, 134 ; envoyé au camp de Contrecœur, 185.
Forsay, M. de, 266.
Foucault, le moulin, 68, 70.
Fouillac, M. de, 94, 119.

France, 50, 53, 61, 69, 75, 76, 122 ; nouvelles de, 129, 135, 136, 142, 158 ;
    supplément de nouvelles de, 160, 176 ; nouvelles de, 177, 182, 183
    191, 212, 215, 220, 221, 222, 223, 246, 255, 281, 282, 333, 334, 335, 345
François, les, 97, 175, 228, 247, 261, 264, 344.
Fraser, M., 19.
Frontenac, le fort, 132, 150, 204, 227; nouvelles du, 252, 265, 304, 308.

G

Gage, le régiment de, 18.
Gage, le colonel, 52, 63.
Gaillard, M., 270, 305, 308.
Gannes, M. de, 179.
Gaspareau, le fort, 198, 264.
Gaspé, M. de, 8, 11, 186, 190.
Gaumin, capitaine, 129.
Georges, le fort, 9, 22, 25; départ des Anglois du, 71, 72, 73, 205, 257,
    283, 342.
Girouard, M., 236.
Godonèche, M., 255.
Gouy, M. de, 255.
Grandville, M. de la, 149, 151.
Granet, le sieur, 262.
Granges, M. le chevalier des, 175.
Guston, M. le chevalier, 250.
Guyenne, le régiment de, 75, 81, 124, 156, 169, 171, 172, 179, 195, 208,
    239, 259, 264, 275, 276, 278, 296, 299, 318, 323.

H

Halifax, 214, 218, 219, 263.
Hameau, M., 284.
Hardy, l'amiral, 327.
Hauterive, M. d', 248, 251.
Hébécourt, M. d', 24, 25, 29, 40, 58, 191, 193, 196; lettre de, 212, 213,
    218, 222, 243, 247, 254, 264, 266, 268, 283, 306; croix de Saint-Louis,
    316, 317, 318.
Hérault, Madame, 180.
Herbert, M., 195.
Herbin, Mlle, 203.
Hère, M., 201.
Héros, le, 300.

Hert, M., d', 59, 202, 208, 238, 248, 252, 255, 256, 269, 295 ; croix de
    Saint-Louis, 316.
Hertel de Louisbourg, M., 157, 158, 173, 311, 312.
Holmes, l'amiral, 327.
Hôpital, M. de, l', 156.
Hopson, le major, 246.
Hotchig, 149, 151, 152, 153 ; le frère de, 155, 267.
Houstet, M., de, 204.
Hurons, les, du Détroit, 137, 311.
Hurtubise, M. d', 236.

                               I

Ile-aux-Noix, 9, 10, 11, 13, 15 ; état des troupes campées à, 16, 17, 19,
    20, 21, 22, 23, 24 ; retraite à, 25, 26, 27, 28, 29, 30, 31, 33, 34, 35, 36,
    37, 38, 40 ; deux cents malades à, 41, 42, 43, 44, 45, 47, 48, 49, 50,
    53, 54, 55, 56 ; sergents et domestiques détachés de, 57, 61, 63, 64,
    65, 67, 73, 79, 81, 83, 95, 98, 105, 110, 111, 117, 317, 318, 324, 341,
    342, 358.
Ile-de-Montréal, 95, 97, 98, 105, 110, 111, 112, 117.
Ile-d'Orléans, 330, 331, 347.
Ile-Dupas, 94.
Ile-Hocquart, 325.
Ile-Jésus, 118.
Ile-Langevin, 21.
Ile-Perrot, 308.
Ile-Royale, 194.
Ile-Sainte-Hélène, 114, 116, 117, 157.
Ile-Saint-Ignace, 93, 94, 100.
Ile-Saint-Jean, 130.
Illinois, les, 274, 280 ; nouvelles des, 297, 302, 306, 307.
Iroquois, les, 27, 65 ; du Saut Saint-Louis, 138, 139, 149, 152, 172,
    184, 214, 216, 247.

                               J

Jacques-Cartier, 75, 79, 119.
Jacquot de Fiedmond, M., 147, 151, 155, 166, 173, 183, 221, 253, 275.
Joannès, M. de, 208, 210, 215, 254, 255, 266, 267, 269, 276, 284.
Johnson, le colonel, 19, 24, 35, 36, 286, 310, 348.
Jolicœur, M., 238.
Joncaire, M. de, 228.
Jourdeau, M., 191.

K

Kerlerec, M., 291.
Kisensik, chef sauvage, 35, 42, 261, 354.
Krinil, M , 325.

L

Laas, M. de, 59.
Lachine, 283, 302.
La Corne, M. le chevalier de, 15, 23, 27, 123, 141, 186.
Lafontaine, grenadier, 184.
Lally, M. de, 161.
La Mothe, M. de, 134, 139, 194, 196, 278, 279.
La Naudière, voyez Naudière
Landrière, M., 81, 154, 171, 173, 174, 184, 186, 187, 188.
Langlade, M. de, 151, 152, 155, 156, 312.
Languedoc, le régiment de, 82, 86, 99, 110, 140, 159, 169, 171, 172, 179,
    199, 208, 209, 215, 220, 230, 245, 248, 253, 254, 258, 261, 264, 266, 270,
    272, 275, 284, 318.
Langy, M. de, 8, 12, 29, 35; de retour à Carillon, 200, 213, 216, 217,
    221, 242, 243, 254, 262, 266, 267, 325.
Lanoraie, 85, 106.
Lapause, M. de, 93, 129, 145, 146, 188, 211, 272, 276, 818, 342.
Lapointe, Pierre, 108.
La Plume, M., secrétaire, 201.
Laporte, M. de, 35.
Laprairie, 14, 20, 21, 24, 27, 28, 34, 37, 42, 53, 54, 56, 69, 73, 75, 83, 93,
    111, 116, 117, 118, 119, 141, 233.
La Rochette, M. de, 210, 212, 277, 278, 284, 295, 310.
Lasalle, M., 249, 250.
Laubaras, M. de, 62, 65, 70, 71, 325, 326, 327, 343, 350.
Lecomte, M., 89.
Le Mercier, M., 28, 73, 76, 77, 155, 169, 170, 171, 176, 186; croix de
    Saint-Louis, 193, 203, 209, 211, 221, 237, 253, 257, 281, 285, 286, 289,
    290, 292, 296, 298, 302, 303, 306, 307, 308, 310, 312, 330.
Lenoir, M., 203.
L'Espérance, M., 116, 254.
Levasseur, M., 35, 305.
Lévêque, sergent, 210.
Le Verrier, M., 312.

Lévis, M. le chevalier de, 7, 28, 37, 38, 54, 72, 95, 97, 113, 127 ; récep-
　tion de, 142, 150, 155, 157, 165, 167, 168, 170, 171, 178, 179, 180, 181,
　182, 183, 184, 188, 190, 191, 192, 195, 200, 202, 203, 204, 205, 206, 211,
　218, 219, 220, 224, 237, 250, 251, 256, 257, 258, 261, 264, 269, 274, 275,
　279, 282, 286, 288, 290, 295, 300, 301, 302, 303, 305, 308, 312, 313, 317,
　322, 324, 332, 339, 344, 346, 348, 350, 353, 854, 357, 358.
Liberté, le vaisseau, 197 ; arrivé, 199.
Liébaux, M., 201.
Ligneris, voyez Des Ligneris.
Linctot, M. de, 43.
Longue-Pointe, la, 111, 114, 124.
Longueuil, M. de, capitaine, 49, 54, 78, 120, 138, 139, 140, 142 ; Mlles
　de, 148, 171, 217.
Longueuil, 27, 82, 83, 98, 103, 104, 107, 108, 109, 110, 111, 112, 113, 114,
　115, 116, 117, 118, 119, 121, 122, 123.
Lorimier, M. de, 253.
Lotbinière, M. de, 140, 155, 164, 187, 190, 196, 203, 206, 218, 244, 246,
　253, 300, 303, 330.
Lothies, milord, 218, 219.
Loudon, le général, 165, 215, 216, 218 ; rappel du, 219, 222, 257, 267.
Louisbourg, 95, 96, 129, 152, 197, 199, 200 ; six cents hommes des-
　tinés à, 210 ; nouvelles de, 262, 263, 282.
Louisiane, la, 280 ; nouvelles de, 291, 292.
Louis XIV, 140, 261.
Loups, les, 227, 228, 311.
Louvicourt, M. de, 58, 72, 253, 315, 317.
Loyseux, M., 237.
Lusignan, M. de, 73, 80, 147, 154, 169, 175, 190, 196, 306.
Lyard, M., 154.
Lydius, le fort, 11, 200, 211, 213, 214, 219, 221, 256, 283, 285, 292,
　298, 342.

M

Macarthy, M. de, 247, 274.
Machault, le fort, 150, 311.
Machault, M. de, 160.
Maillebois, M. le comte de, 180.
Malartic, M. de, 140, 149, 151, 156, 158, 162, 165, 166, 173, 174, 176, 180,
　181, 186, 190, 192, 195, 202, 252, 271.
Manneville, M. de, 202, 255, 259, 279, 299, 305.
Marcel, M., 189, 263.
Margot, la pointe à, 9, 10.
Marine, troupes de la, 159.

Marin, M., 168, 175, 179, 183, 267, 279, 306.

Martel, M., 35, 137, 167, 169, 179, 251, 272.

Maska, 47, 49, 75, 102, 112.

Massias, M. de, 282.

Matha, M., 202.

Mauran, M. le chevalier de, 262.

Mazérac, M. de, 191.

Melhau, M., 46 ; croix de Saint-Louis, 316.

Mercy, M., 61, 71.

Michillimakinac, le fort, 152.

Milletière, Madame de la, 17 ; M. de, 301.

Minaboignon, 151.

Mirepoix, M. le maréchal de, 258.

Missiscoui, la baie de, 10, 11, 13, 14, 21, 28, 31, 34, 39, 46, 47 ; départ des Anglois de la, 48, 49, 62, 63, 65, 66, 67, 68, 70, 76, 77.

Mississagués, les, 152, 153, 158, 254.

Monette, M., 27.

Monte, M. de, 294.

Monckton, le général, 341.

Montalès, M. de, 161.

Montcalm, M. le marquis de, 8, 25, 34, 35, 37, 43, 44, 57, 59, 60, 73 ; lettre de, 127, 133 ; éloge de, 177, 178, 183, 212, 215, 229, 251 ; lettre de, 274, 275, 277 ; remarque à Madame de Vaudreuil, par, 285 ; amère moquerie à l'adresse du marquis de Vaudreuil, par, 287, 304 ; promesses à, 313, 314 ; réponse au sujet des personnes recommandées, par, 315, 321, 328 ; lettre de, 338, 339, 350, 352, 353, 355 ; mort de, 356, 358.

Montcalm, M. le comte de, 258.

Montgay, M. de, 201, 216, 298.

Montgomery, le régiment de, 18.

Montigny, M. de, 307, 308.

Montmorency, le saut, 336, 337, 354.

Montpellier, 236.

Montréal, 14, 19, 20, 26, 28, 29, 33, 35, 36, 38, 40, 41, 42, 49, 54, 63, 65, 68, 77, 83, 85, 87, 93, 95, 96, 100, 109, 115, 119, 127, 131, 133, 139, 146, 147, 149, 156, 157, 162, 163, 166, 171, 174, 181, 183, 190, 191, 192, 197, 200, 201, 204, 207, 209, 211, 221, 224, 226, 227, 230, 231, 233, 239, 245, 259, 265, 271, 280, 285, 286, 298.

Montrepos, M. de, 143, 203, 210.

Montreuil, M. le chevalier de, 285, 313, 322, 328, 340, 346, 347, 349, 355.

Moras, M. de, 180, 237; lettre de, 257, 263.

Murray, le général, 93, 94; lettre de, 96, 98, 101, 113; blessé, 341.

N

Naudière, M. de la, 194, 201, 203, 270, 277, 299.

Népissings, les, 27, 65, 149, 151, 155, 172, 214, 244.

Niagara, le fort, 23, 26; arrivée d'un parti de Loups au, 138, 148; sauvages au, 162, 163, 164, 203, 204, 227, 264, 275, 278, 282, 286, 292, 296, 302, 303, 306, 310, 311, 318; pris, 343, 353.

Nouvelle-Société, le vaisseau, 196, 198.

Noyan, M. de, 152; Madame de, 247.

O

Ononthio, 151, 252.

Onéyouts, les, 143, 149, 150, 151; négociations des, 153, 217, 286.

Orange, le fort, 200, 211, 215, 219, 283, 285.

Otway, 19.

Outarde, l', la flûte, 129, 300.

Outaouais, les, 137, 151, 152, 158, 163; détachement des, 166, 167, 191, 244, 311; conseil des, 341.

Outlas, les, 274, 283.

P

Parfouru, Madame de, 142.

Pascalis, M. de, 147, 316.

Paulmy, M. de, 162, 193, 194, 200, 237, 255.

Péan, M., 150, 153, 154, 167, 169, 171, 174, 176, 179, 211, 216, 219, 224; Madame, 237, 239, 244, 251, 252, 254, 257, 265, 280, 299.

Pellan, M., 246, 256.

Pénisseault, M., munitionnaire, 31; Madame, 137, 190, 219, 251, 264.

Périgny, M. de, 140, 143.

Perry, le colonel, 246.

Perthuis, M., 143, 219.

Piquet, l'abbé, 151, 254, 292, 307; lettre de, 351.

Pointe-Claire, la, 283.

Pointe-de-Lévis, 335, 336, 340, 341.

Poirier, M., 289, 291.

Pomone, la, 87.

Pompadour, Madame de, 316.

Pons, M. de, 249, 250.

Pontleroy, M. de, 202, 203, 206, 211, 218, 221, 253, 269, 315.

Portage, le camp du, 169, 172, 173, 185, 187, 188, 189.

Portneuf, M. de, 132.
Pouchot, M., 138, 152, 200, 220, 237, 293; envoyé à la Pointe-au-Baril,
302, 303, 306, 308, 310.
Poulariés, M. de, 141, 144, 347.
Poutéotamis, les, 137.
Pradet, M., 254.
Présentation, la, 35, 151, 153, 204, 233 ; nouvelles de, 252, 274, 275 ;
les sauvages de, 289, 292, 306, 308.
Pressac, M. de, 94.
Prévost, M., commandant au fort Lydius, 282.
Privat, M. de, 220, 245, 270 ; blessé dangereusement, 356, 358.
Puants, les, 42.

Q

Québec, 8, 9, 12, 15, 20, 23, 37, 38, 43, 45, 46, 47, 48 ; capitulation de, 50, 51, 52, 56, 76, 78, 130, 135, 143, 145, 146, 147, 149,
152, 157, 158, 167, 169, 174, 176, 182, 192, 194, 197, 198, 199, 200, 202,
205, 207, 220, 221, 231, 238, 244, 253, 264, 271, 274, 278, 280, 282, 285,
289, 294, 295, 301, 308, 309, 310, 318, 321, 332, 349.

R

Rameau, le paquebot, 199.
Ramsay, M., 205, 230, 232, 293, 309, 356.
Rapides, les, 8, 15, 26, 27, 28, 33, 34, 36, 37, 47, 63, 70, 79, 205, 206, 302,
303, 308.
Raymond, M de, 46.
Reine, le régiment de la, 55, 57 ; envoyé à Laprairie, 69, 79, 83, 86, 89,
90, 92, 96, 159; part de Québec, 166, 169, 171, 172, 174, 176, 179, 180,
199, 201, 208, 209, 222; départ du, 230, 231, 232, 238, 239, 245, 248,
253 ; établi à Saint-Jean, 256, 264, 265, 270, 272, 275, 284, 308, 310.
Rennepont, M. de, 83, 84, 86, 110, 111 ; placé à Varennes, 114, 122.
Repentigny, M. de, 186 ; croix de Saint-Louis, 193, 215 ; Madame
de, 248, 292, 299, 302, 307 ; à Saint-Joachim, 329, 347 ; expédition
de, 353.
Repentigny, 120.
Revillasse, M. de, 119.
Rhéaume, M., 286.
Richelieu, le cardinal de, 194, 273.
Richerville, M. de, 214.
Rigaud, M. de, 14, 22 ; lettre à, 23, 27, 34, 35, 36, 38, 39, 40, 43, 47, 55,
63, 64, 65, 69, 72, 139, 140, 141, 156, 174, 178, 206, 216, 261, 267, 342,
353 ; lettre de, 354.

Rigaudière, M. de la, 161.

Robuste, le vaisseau, 263.

Rochebeaucour, M. de la, 143, 224, 301, 347, 355.

Rocheblave, M. de, 219, 222, 279, 280, 281, 282, 284, 296.

Rogers, le major, 18, 77, 213, 214, 219, 267, 283.

Rollo, lord, 95, 96.

Roquemaure, M. de, 38, 53, 69, 80, 81, 95, 98, 116, 117, 118, 120, 122, 123, 135, 136, 170, 202, 203, 205, 224, 245, 248, 252, 254, 255, 257, 312, 324, 330, 339.

Rosmorduc, M. de, 256.

Rouville, M. de, 47, 149.

Royal-Américain, le régiment de, 19.

Royal Ecossois, le régiment de, 18.

Royal-Montagnard, le régiment de, 18.

Royal-Roussillon, le régiment de, 75, 81, 127, 134, 140, 148, 165, 172, 174, 179, 185, 187, 195, 248, 264, 272, 275, 276, 278, 291, 299, 318.

Royer, le sieur de, 43.

S

Sables, rivière aux, 63, 64.

Sablonnière, M. de la, 327.

Sabrevois, M. de, 151.

Sacquespée, M., 253, 326.

Saqueville, grenadier de Béarn, 184.

Saint-Antoine, 8, 92.

Saint-Antoine, le vaisseau, 169.

Saint-Barnabé, 321, 330.

Saint-Charles, 92.

Saint-Charles, la rivière, 322, 326, 328.

Sainte-Croix, 51.

Saint-Denis, 84, 92.

Saint-Félix, M. de, capitaine au régiment de Berry, 59.

Saint-François, 39, 47, 49 ; destruction du village de, 55, 67, 78, 86, 105.

Saint-Frédéric, le fort, 9, 18 ; évacuation du, 25, 28, 35, 39, 42, 61, 63, 74, 80, 128, 141, 148, 175, 184, 188, 247, 283.

Saint-Jean, le fort de, 10, 11, 14, 20, 21, 22, 28, 30, 31, 33, 39, 40, 41, 45, 50, 52, 55, 56, 64, 65, 66, 71, 73, 80, 117 ; évacuation du, 121, 122, 140, 141, 143, 155, 156, 167, 171, 174; départ des troupes du, 178, 181, 183, 190, 202, 203, 205, 226, 231, 232, 233, 245, 253, 276, 280, 283, 318.

Saint-Jean, la rivière, 13, 21, 22, 26, 34, 37, 39, 40, 49, 348.

Saint-Jean-Deschaillons, 93, 97.

Saint-Laurent, le fleuve, 14, 69.

Saint-Louis, le saut, 147, 181, 204.

Saint-Louis, sergent du régiment de la Reine, 54.

Saint-Louis, ordre de, 59, 72.

Saint-Luc, M. de, 89, 94, 172, 175, 179, 190, 247, 261, 293.

Saint-Ours, 83, 85, 86, 89, 101, 102, 103, 105, 106, 107, 109, 110, 112.

Saint-Ours, Madame de, 148, 150, 181; M. de, 186, 187.

Saint-Sacrement, le lac, 19, 130, 163, 165, 170.

Saint-Sauveur, M. de, 267, 282, 289, 307.

Saint-Sulpice, paroisse de, 35; les MM. de, 298.

Sainte-Thérèse, 134.

Sarasto, 12.

Sarre, le régiment de la, 86, 99, 118, 121, 140, 169, 171, 172, 176, 179, 180, 185, 195, 248, 264, 266, 272, 275, 276, 291, 299, 318.

Saunders, l'amiral, 327, 335.

Selles, M de, 207, 208, 209, 210, 216, 297.

Senezergues, M. de, 157, 160, 161, 166, 191, 264, 297; mort, 356, 358. 359.

Sermet, M., 86, 187, 188, 301.

Sermonville, M. de, 179, 189; croix de Saint-Louis, 193.

Seymour-Convay, le général, 319.

Sorbière, M. de la, 61, 71, 236.

Sorel, 48, 52, 75, 81, 82, 84, 86, 87, 88, 90, 91, 92, 93, 94, 95, 96, 97, 98, 99, 100; incendie du bas de, 101, 102, 104, 106, 107, 108, 111.

Sorel, la rivière, 89, 99, 100, 101, 104, 105.

Solvignac, M de, 134, 139, 257.

Sud, la rivière du, 10, 11, 13, 14, 21, 33, 67.

Superbe, le vaisseau, 263.

Surimeau, M., 269, 270, 313.

T

Tennet, le sieur, 66.

Terrebonne, 43, 108.

Thibaudier de la Ronde, M., 140, 143.

Tonnancour, l'abbé de, 199.

Tortue, la, 21, 204.

Totabelle, M., 186, 207.

Tourville, M., capitaine de Béarn, 271.

Tousac, M., 71.

Trécesson, M. de, 204, 205, 231, 232, 254, 330.

Trivio, M. de, 57, 205, 223, 245, 317, 324, 329, 330.

Trois-Rivières, 54, 78, 173, 197, 205.

Tsonnonthouans, la baie des, 78, 310.

Tuscarorins, les sauvages, 151.

V

Valentin, M., 232.

Valinière, M. de la, 247.

Valtrie, M. de la, 132, 178; Madame de la, 304.

Varennes, 103, 107, 110; les îles de, 111, 112, 113, 117, 120; les Anglois débarqués à, 121, 122, 123.

Varin, Madame, 137, 142, 143 ; M., 202, 226, 271.

Vassan, M. de, 37, 42, 186, 211, 222, 306 ; nouvelles par, 310.

Vaudarant, le sieur, 59.

Vaudreuil, M. le comte de, 159.

Vaudreuil, M. le marquis de, 7, 8, 9 ; lettre à, 19, 23, 24, 27, 29, 32, 34, 36, 37, 38, 40, 42, 43, 47, 48 ; retour à Montréal de, 49, 53. 54, 55, 56, 62 ; lettre à, 64, 65, 68, 69, 70, 73, 74, 75, 76, 77, 79, 80, 81, 88, 91, 102, 107, 108, 109, 113, 119, 123, 124, 131 ; défend les jeux de hasard, 136, 137, 138, 139, 141, 144, 145 ; ordre de réduire les rations, par, 147, 148, 153, 154, 155, 157, 162, 164, 165, 166, 168, 173, 174 ; éloge de, 177, 179, 181, 191, 192, 193, 195, 196 ; ordonnance de, 197, 198, 200, 201, 202 ; Madame de, 202, 203, 204, 205; visite de M. et Madame de, aux notables, 206, 207, 208, 209, 210, 212 ; Madame de, 217, 219, 220, 221, 222, 229, 230, 231, 232, 233, 236, 237, 239, 244, 245, 246, 249, 250, 251, 253, 254, 255, 256, 259, 263, 266, 267, 269, 270, 272, 273, 276, 278, 280, 281, 282, 283, 285, 286, 290, 291, 293, 295, 296, 297, 298, 299, 300, 301, 302, 304, 305, 308, 309, 312 ; grand'croix à, 313, 316, 317, 319, 321, 323, 326, 327, 328, 335, 341, 343, 344, 345, 346, 347, 348, 351, 352, 357.

Verchères, 56, 101.

Victoire, le vaisseau, 300.

Villars, M. de, 305.

Villebon, M. de, 257.

Villeray, Madame, 27, 266.

Villejoin, M. de, 150.

Villiers, M. de, 128, 141, 189, 190; croix de Saint Louis, 193, 202, 352.

Villouraux, M., 256.

W

Webb, le général, 19, 285.

William-Henry, le fort, 285.

Wolfe, le général, 274, 332; devant Québec, 337, 345, 348.

Wolff, lieutenant, 9; éloge de, 58, 72, 195, 200, 221, 264, 319.

TABLE ANALYTIQUE

DES

LETTRES DE MONTCALM

A

Abénakise, la frégate, 72.

Abénakis, les, 175, 196.

Acadie, 84, 99, 100; nouvelles de l', 143, 160.

Acadiens, les, 55; réduction des vivres aux, 63, 83; meurent de misère, 86, 93, 137, 153.

Agniers, les, 23, 26.

Aiguebelle, M. d', 69, 94, 126.

Allemands, les, 212.

Almain, le sieur, 18, 40.

Amherst, le général, 183, 192, 196; réponse du, 202, 220.

Ange-Gardien, l', 189, 196, 197, 202, 209.

Angeville, M. d', 44, 107.

Angleterre, 72.

Anglois, les, 17, 26; deux cent cinquante faits prisonniers, 72, 86, 106, 113, 117, 120, 134, 137, 145, 147, 155, 164; débarqués à Saint-Michel, 93, 195, 198, 213, 228.

Anse-aux-Cabanes, l', 32.

Anse-des-Mères, l', 175, 203.

Anse-du-Foulon, l', 203.

Anville, M. d', 100.

Arènes, M. d', 60, 62, 66.

Arnoux, le sieur, 19, 52, 67, 103.

Astrel, M. d', 203, 207.

Aubrespy, M. d', 104.

B

Baie-Verte, la, 196.

Baraute, M. de, 42; Madame de, 117.

Barbue, rivière à la, 23.

Barré, M., 201.

Basserode, M. de, 52.

Béarn, le régiment de, 17, 27, 29, 30, 35, 36, 39, 41, 42, 43, 47, 52, 53, 60, 64, 71; désertion d'un soldat du, 80, 85, 93, 103, 114, 136, 140, 146, 148, 156, 166, 167, 168; exécution au, 178, 179, 184, 226.

Beaubassin, Madame de, 230.

Beauce, la, 206.

Beauchâtel, M. de, 191, 208.

Beauclair, M. de, 149; lettre à, 222, 225.

Beaujeu, M. de, 27, 40.

Beauport, le camp de, 42, 79, 167, 168, 169, 179, 180, 196, 215, 223.

Beaupré, la côte de, 42, 197.

Beauséjour, le fort, 59, 69.

Bellecombe, M. de, 15, 86, 96, 99, 101, 118, 143, 173.

Bellecourt, M. de, 125.

Belle-Isle, M. le maréchal de, 45.

Belle-Rivière, la, 121, 137, 138, 147, 150, 186.

Bélot, M., 94, 111, 113, 147, 158, 214.

Béran, M. de, 94.

Bernard. M. de, 53, 74; 225.

Bernetz, M. le chevalier de, 15, 16, 58, 67, 75, 86, 131, 173, 228, 230.

Berry, le régiment de, arrivée du, 45, 50, 71, 105, 111, 113, 128, 132, 227.

Bigot, l'intendant, 10, 11, 12, 14, 15, 18, 25, 27, 53, 55; ordre de, 56, 62, 65; critiques contre, 66, 68, 70, 77, 82, 85; distribution de viande de cheval par, 86, 87, 88; jeux de hasard, 94, 95, 96, 97, 98, 100, 102, 103; pertes au jeu par, 111, 112, 113, 115, 116, 117, 122, 124, 128, 129; abandonne le jeu, 130, 131; répartition par, 136, 137, 141, 143, 144, 145, 146, 153, 154, 155, 186, 194, 214.

Bleury, M. de, 149.

Bœufs, la rivière aux, 129.

Boishébert, M. de, 84, 99, 118, 130, 137, 143, 149, 155, 163, 183, 207, 212, 228.

Bois-La-Fosse, M. de, 44.

Boisset, M. de, 141.

Bonneau, M., 111.

Boston, 192.

Bouberte, M. le chevalier, 44.

Boucherville, M. le chevalier de, 149, 197.

Boucherville, 42.

Bougainville, M. de, 30, 34, 59, 66, 111, 113, 122, 126, 128, 147, 184, 185, 186, 187, 201, 206, 219, 222, 223, 224.

Bourlamaque, M. de, 9, 10, 12, 16, 30, 32, 34, 37. 45, 46, 48, 51, 62, 75, 82, 83, 87, 95, 113, 138, 143, 150, 152, 160, 187, 202, 218, 220, 224, 227.

Braux, M. de, 101, 111.

Broglie, M. le duc de, 79.

Brisebois, le sieur, 24.

Bristol, le vaisseau, 63.

Brugnon, M., 45.

C

Cadet, le sieur, 86, 106, 110, 128, 151, 152, 157, 158, 214.

Cadillac, M. de, 104, 111, 117, 122, 128, 154.

Caire, M. de, 175, 183, 186, 187, 190, 195, 200, 206, 227.

Canada, le, 36, 43, 56. 90; 107, 152, 153, 155, 157, 159; attaqué par six endroits, 190, 221.

Canadiens, les, 13, 16, 17, 29, 30, 33, 34, 39, 48, 79, 85, 88, 97, 100, 103, 119, 162, 164, 182, 187, 197, 198, 205, 214.

Canardière, la, 166, 167, 168. 169, 188, 196.

Cap-Rouge, le, 196, 212, 224.

Carillon, le fort de, 16, 18, 22, 23, 38, 39, 40, 41, 46, 47, 48, 49, 50, 51, 62, 74, 75, 79, 85; état des troupes au, 98, 115, 119, 120, 126, 135, 137, 146, 162, 190, 225.

Carrier, le capitaine, 194.

Cèdres, le fort des, 226.

Chambly, 43, 130, 137, 146.

Chambly, le fort de, 52, 88, 225, 226.

Champlain, le lac, 23.

Champredon, M. de, 104.

Charly, M. de, 183, 208.

Charret, M., 206.

Cherville, M. de, 123, 126.

Chevalier, M., 144, 147.

Chouaguen, le fort de, 17, 28, 29, 32; expédition au, 31, 37, 69, 79, 99, 121, 133, 161.

Cinq-Nations, les, 17; audience aux ambassadeurs des, 30, 137, 147.

Clavery, Madame, 101.

Colombière, M. de la, 23.

Combles, voyez Des Combles.

Contrecœur, M. de, 40, 105, 110, 116, 147.
Corlar, la rivière, 86, 95, 105.
Catabas, les, 147.
Corne, voyez La Corne.
Cornier, M., 96, 118, 153.
Côte du Nord, 66.
Côte du Sud, 62, 67, 68.
Couary, le fort de, 95, 105, 109.
Courval, M. de, 198.

D

Daine, M., 127, 185.
Dalquier, M. (lisez d'Alquier), 46, 47, 56, 64, 70, 87, 148, 182.
De Louche, M., 198.
Desandrouins, M., 67, 106, 107, 120, 131, 224, 225, 227.
Desauniers, M., 95.
Deschambault, M., 93, 116.
Deschambault, incursion à, 219.
Deschenaux, M., 106, 147.
Des Combles, M., 10, 11, 14.
Des Ligneris, M., 35, 69, 99.
Després, M., 151.
Des Roberts, M., 227.
Détroit, 163.
Deux-Rochers, le poste des, 22, 23.
Dieskau, M. le baron de, 12, 29.
Doreil, M., 10, 12, 14, 15, 16, 27, 127, 148.
Douville, Mademoiselle, 76.
Dubois de La Mothe, M., 44, 62, 63, 134.
Du Fay, M., 161.
Dufour, M., 219.
Dumas, capitaine, 148, 182, 185, 204, 211, 212, 214.
Dumas, Alexandre, marchand, 106.
Dumesnil, M., 44.
Duplessis, M., 23, 69, 135, 137.
Duprat, M., 225.
Dupuy, M., 127.
Duquesne, le fort, 17, 99, 118, 129, 190.
DuTailly, M., 184.
Duverny (lisez du Vernys), lieutenant, 44, 126, 139, 151.

E

Ecossois, les, 85, 86.

En-Haut, les pays d', 161, 163, 223.

Espinassy, M. d', lieutenant, 44, 87, 94, 107, 113, 126, 156.

Estang, M. l', 94, 117, 121, 125.

Estor, M. d', 142.

Etchemins, les, 199.

Estève, M., 26.

Europe, 146.

Eymé, le sieur, 23.

F

Famine, rivière à la, 32.

Ferté, M. de la, 140.

Fesch, M., 126; *note*, 131.

Florimond, M., de, 175, 209.

Foligné, M. de, 184.

Folles-Avoines, les, 30.

Fontaine, M. de, 142, 186.

Fontbonne, M. de, 66, 153, 193, 226.

Fontbrune, M. de, 14, 16, 28; lettre à, 30, 33, 35, 36, 37, 38, 43, 46, 58, 62.

France, 10; lettres de, 50, 58; secours attendus de, 63, 78, 90, 101, 116, 123, 125, 127; nouvelles de, 128, 133, 135, 160.

Frontenac, le fort de, 17, 27, 28, 30, 121, 129, 133.

Fournery, M. de, 166.

G

Gaspareau, le fort de, 69.

Gaspé, 70, 137, 160.

Georges, le fort, 34, 69, 108, 133.

Germain, le bastion de, 25.

Germain, le sieur, 88, 96, 106.

Germain, le P., 84.

Godonesche, lieutenant, 121, 123, 126.

Gourdan (lisez Gourdon), le P., 140.

Grandville, M. de la, 44.

Graves, M. de, 60.

Guillaume-Henry, le fort, 201.

Guyenne, le régiment de, 17, 30, 35, 36, 42, 52, 53, 60, 77, 131, 136, 140, 142, 174, 184, 192, 196, 199, 207, 209, 226, 227.

H

Halifax, 72, 196.

Hauteville, M. le chevalier de, 44.

Hébécourt, M. d', 62, 79, 84, 112, 120, 122, 126, 130, 131, 135, 142, 144, 145, 146, 154, 159, 161, 162.

Henry, le sieur, chirurgien-major, 19.

Herbin, M., 192, 200.

Héré, M., 125.

Hert, M. d', 27, 38, 40, 92, 95, 104, 106, 110, 112, 118, 144, 145.

Hertel, M., 27.

Hervieux, Mademoiselle, 101.

Hollandois, les, 162.

Hôpital, M. de l', 34.

Houlière, la, (lisez Lahoulière), M. de, 138.

Hurons, les, 119, 135, 175, 196.

Hyard, le sieur, 23.

I

Ile-aux-Castors, 129.

Ile-d'Orléans, 176, 182, 195.

Ile-aux-Galops, 27, 186.

Ile-aux-Noix, 165, 218, 223, 225, 226.

Ile-Royale, 57, 58, 67.

Illinois, les, 147.

Imbert, M., 86.

Iroquois, les, 26; de la Présentation, 30.

J

Jacques-Cartier, la rivière, 196.

Jacquot de Fiedmond, M., 49, 173, 183, 216.

Jésuites, les, 121, 141.

Joannès, le bastion de, 25.

Johanne, M., 106, 111, 113, 125, 126, 128, 147, 178, 228.

Johnstone, M., 219.

Joseph, serviteur, 149, 154, 230, 231.

K

Kamouraska, 67, 68.

L

Laas, M. de, 96.

La Bruyère, M. de, 209.

La Chauvignerie, M. de, 147.

Lachine, 25.

La Corne, le P., 77.

La Corne, M. le chevalier de, 22, 27, 141, 165.

La Force, le sieur, 18, 30, 40.

Lange, M. de, dit La Fontaine, 43.

Langlade, M. de, 184.

Languedoc, le bastion de, 24, 25.

Languedoc, le régiment de, 16, 41, 42, 43, 52, 60, 93, 129, 146, 157, 164,
    166, 167, 168, 192, 210, 226.

Langy, M. de, 35, 119.

Lapause, M. de, 34; éloge de, 35, 48, 49; représentations de, 66, 76,
    131, 153, 165; opérations de, 175, 191, 193, 196, 221, 223, 224, 225.

Laprairie, 36, 42, 82, 137, 206, 226.

La Rochelle, 59.

La Rochette, M. de, 86, 113, 230.

La Tuque, serviteur, 231.

Lautrec, M. le comte de, 78.

La Vérendrye, M. de, 95.

Le Blanc, M., 58, 78.

Lecomte, M., 66, 101, 104, 106.

Le Goulon, M., 57.

Le Mercier, M. le chevalier, 29, 32, 35, 44, 77, 80, 87, 93, 94 ; pertes au
    jeu par, 104 ; M. et Madame, 106, 107, 108 ; projets d'un équipage
    d'artillerie par, 109, 115, 128, 162 ; plaintes contre, 165, 175, 189 ;
    envoyé à l'amiral anglois, 201, 206, 214, 217, 223, 227.

Lenoir, M., 104.

Léry, M. de, 35, 67.

Levasseur, M., 116.

Lévis, M. le chevalier de, 14; instructions pour, 18, 19; distribu-
    tion du pain par, 20, 21, 22, 23, 24, 31, 33; mémoire pour, 51, 52,
    67, 79, 110, 131, 139, 140, 142, 175, 188, 190, 193, 194, 210; lettre à, 229.

Lévis-Léran, M. le comte de, 16, 72.

Liberté, la, le vaisseau, 59.

Liébaut, M., 125, 142.

Ligneris, voyez Des Ligneris.

Longueuil, M. de, 11, 13, 98, 117, 176.

Longueuil, 42; demande du curé de, 142, 226.

Long-Saut, le, 165.

Lorette, 121.

Lotbinière, M. de, 19, 38, 39, 87, 137, 149, 158.

Loudon, milord général, 72, 131.

Louisiane, la, 147.

Louisbourg, 44; nouvelles de, 45, 57, 59, 70, 71, 93, 121, 127; nouvelles de France à, 132, 133, 196.

Loups, les, 221.

Louvicourt, M. de, 44, 93, 104, 106, 107, 108, 110.

Louvigny, M. Moet de, 147.

Lusignan, M. de, 18, 22, 24, 38, 39, 41, 145, 208, 212.

Lydius, le fort, 85, 87, 108, 135.

Lyonnois, le sieur, 80, 91.

M

Machault, le fort, 190.

Malartic, M. de, 35, 43, 56, 64, 67, 70, 76, 80, 96, 105, 120, 148, 156, 160.

Manneville, M. de, 94.

Marcel, M., 60, 66, 106, 118, 140, 141, 147, 149, 156, 175; lettre de, 228, 229, 231.

Marillac, Madame de, 69, 70.

Marin, M., 35, 40, 46; Madame, 59, 111, 113, 147.

Marron, M., 44.

Martel, M., commissaire, 51, 56, 67, 74, 85, 93, 99, 104, 131, 141, 143, 148, 160.

Martin, M., 119, 135, 137.

Massias, M., 66, 101, 103, 104.

Matissart, M. de, 141.

Maurin, M., 140.

Melin, Madame, 102.

Michillimakinac, 217.

Milletière, M. de la, 20, 41, 60, 157, 165, 202.

Minerve, la, senau, 69, 70.

Mirabeau, M. le chevalier de, 152.

Miramichi, 155.

Mirepoix, M. le maréchal, duc de, 16, 45, 58, 78, 106, 139.

Monconseil, M. de, 78.

Monin, M., 172.

Monrepos, M. de, 52; mensonges de, 53, 90, 91, 92, 105, 110, 114, 116.

Montalais, M. de, 16.

Montbéillard, M. de, capitaine, 44, 45, 66, 67, 107; observations de, 188, 227.

Montcalm, M. le marquis de, lettre de, 9, 11, 12, 14; bulletin de, 16,
   21, *note*, 24; lettre de, 25, 26, 27, 28, 30, 31, 32, 33, 35, 37, 38, 40,
   42, 43, 44, 45, 46, 47, 48, 50; mémoire de, 51; lettre de, 54, 56, 57,
   58, 59, 62, 63, 65, 67, 68; ration réglée par, 71; lettre de, 72, 73, 76,
   77, 80, 83, 84, 88, 89, 92, 99, 101, 103, 107, 111, 112, 113, 114, 117,
   118, 121, 122, 124, 127, 128, 130, 131, 132, 133, 134, 136, 137, 138, 139,
   142, 143, 144, 149, 150, 151, 152, 154, 155, 156, 157, 158, 159, 160, 161,
   163, 164, 165; inquiétude de, 166; lettre de, 170, 171, 172, 173, 174,
   175, 176, 177, 178; plans de défense par, 179; lettre de, 181, 182,
   183, 184, 186, 187, 188, 189, 190, 191, 192, 193, 194, 195, 197, 198, 199,
   200, 202, 203, 204, 206, 207, 208, 209, 211, 212, 213, 214, 215; avis de,
   217; lettre de, 218, 219, 220, 221, 222, 223; suggestions de, 225;
   lettre de, 228; mort de, 229, 230, 231.
Montcalm-Saint-Véran, M. de, 45.
Montigny, M. de, 34, 35, 42.
Montgolfier, M. de, 129.
Montréal, 10, 11, 12, 14, 15, 17, 25, 30, 35, 42, 43, 44, 46, 47, 51, 52, 53,
   57, 60 ; réduction des vivres à, 63, 67, 69, 71, 72, 73, 74, 77, 79, 82,
   86, 88, 92, 99, 100, 101, 103, 104, 108, 109, 110, 115, 116, 117, 120, 126,
   129, 130, 135, 139, 142, 146, 150, 152, 158, 159, 160, 162, 164, 168, 195,
   196, 204, 226, 227, 230.
Montréalistes, les, 43, 166, 167, 205.
Montreuil, M. le chevalier de, 38, 69, 123, 179, 230.
Moras, M. de, 78, 127, 132.
Morlic, M. de la, 60.
Mouchet, M., 127.
Muceaux, M. de, 115, 116.

N

Naudière, M. de la, 94, 150, 161.
Naudière, Madame de la, 79, 102, 139, 152, 230.
Niagara, le fort de, 17, 27, 29, 109, 129, 133, 156, 186, 187, 190, 225.
Niaouré, la baie de, 30, 31, 36.
Niverville, M. le chevalier de, 185.
Noyan, M. de, 67.

O

Ontario, le fort de, 27, 28, 34.
Ontario, le lac, 17, 30.
Outaouais, les, 184, 196.
Orange, le fort, 147.

P

Paulmy, M. de, 58, 59, 78.

Parquière, M. de la, capitaine, 81.

Péan, M., 44; Madame, 59, 77, 79, 86, 94, 97, 100, 102, 103, 105, 112, 113, 115, 121, 128, 135, 146, 150, 153, 161.

Pèlegrin, M., 66.

Pénisseault, M., 55, 144, 145 ; Madame, 154, 224.

Pensens, M. de, 176, 177, 209.

Pointe-de-Lessay (ou Lest), 167, 173, 176, 196, 216.

Pointe-de-Lévis, 166, 177, 182, 190, 192, 197, 198, 215, 216, 217, 222.

Poiret, M., 60.

Pontleroy, M. de, ingénieur, 87, 98, 126, 132, 133, 135, 149, 152, 227.

Portage, le poste du, 18; projets de défense pour, 22, 25, 49, 108.

Pouchot, M., 51, 67, 84, 89, 118, 125, 153, 156, 190.

Poulariés, M. de, 75, 167, 174, 192, 223, 226.

Poutéotamis, les, 49.

Prague, 54, 55.

Présentation, le fort de la, 105, 121.

Prince-Edouard, le vaisseau, 160.

Privat, M. de, 41, 79.

Q

Québec, 9, 15, 42, 43; courrier de, 44, 52, 53; misère à, 54, 55, 57, 58, 62; réduction des vivres à, 63, 65, 67, 71, 73, 76, 79, 80, 83, 84, 88, 89, 92, 94, 101, 104, 107, 108, 110, 111, 112, 114, 118, 121, 122, 124, 127, 130, 132, 135, 149, 150, 151, 152, 154, 155, 156, 157, 158, 159, 160, 162, 163, 171, 180, 183; milice de, 186, 221, 223, 226, 227, 229.

Québecquois, les, 41.

R

Ramezay, M. de, 106, 155, 174, 186, 228.

Rapides, le poste des, 190, 218, 220, 226.

Réaume, M., 189.

Reboul, sergent, 26.

Reine, le régiment de la, 16, 19, 26, 27, 41, 42, 44, 52, 54, 60, 68, 71, 75, 85, 87, 92, 93, 103, 105, 111, 127, 129; note, 138, 146, 148, 227.

Reine, le bastion de la, 24, 25.

Repentigny, Madame de, 105, 210.

Repentigny, M. de, 189.

Repentigny, 179, 180, 185, 186, 192, 196.

Revol, M. et Madame, 106, 148.

Rigaud de Vaudreuil, M., 27, 28, 29, 30, 32, 34, 35, 37, 47, 49, 50, 99, 138, 148, 154, 164, 206.

Rimbaud, M., 189, 192, 198, 210.

Riverin, le sieur, 24.

Rochebeaucour, M. de la, 11, 16; lettre de, 30, 31; *note*, 33, 46, 59, 62, 65, 73, 83, 84, 95, 106, 118, 126, 131, 135, 147, 163.

Rochechouart, M. de, 45.

Roche-Vernay, voyez du Vernys.

Rodgers, le capitaine, 122.

Roquemaure, M. de, 26, 35, 38, 66, 73, 74, 78, 87, 94, 101, 102, 104, 110, 123, 148, 151, 152.

Rosmorduc, M. de, 87.

Roubaud, le P., 141.

Rous, le capitaine, 212.

Rouville, M. de, 226.

Royal-Américain, le régiment de, 212.

Royal-Roussillon, le régiment de, 9, 13, 14, 17, 19, 53, 60, 131, 136, 140, 147, 148, 156, 167, 168, 173, 179, 181, 184, 193, 196, 199, 207, 209, 226, 227.

S

Sablé, M. du, 45.

Sabrevoix, M. de, 40, 43, 149.

Sacquespée, M., 43, 60, 226.

Saguinans, les, 184.

Saint Alembert, M., 156.

Saint-Augustin, le poste de, 183, 207.

Saint-Barnabé, 164.

Saint-Charles, la rivière, 168, 169, 180.

Saint-Félix, M. de, 94.

Sainte-Anne, 129.

Saint-Frédéric, le fort, 18, 19, 20, 23, 36, 37, 38, 39, 40, 119, 135; Allemands désertés du, 145, 146.

Saint-Jean, le fort, 37, 42, 52, 74, 75, 82, 88, 93; état des troupes au, 98, 108, 116, 146, 225, 226.

Saint-Jean, 36, 43, 46, 138.

Saint Jean, serviteur, 231.

Saint-Jean, la rivière, 143.

Saint-Laurent, M. de, 27.

Saint-Luc, M. de, 35, 156.

Saint-Maurice, M. de, 173.

Saint-Michel, 203.

Saint-Ours, Madame de, 59.

Saint-Paul, la baie, 68.

Saint-Pé, le P., 121.

Saint-Sacrement, le lac, 17, 22, 121.

Saint-Sauveur, M. de, 66, 97, 170, 184, 205, 228.

Saint-Simon, 208.

Saint-Vincent, M. de, 94, 111, 113, 122, 130, 147.

Salaberry, M. de, 223

Sans-Chagrain, le sieur, 89, 90, 92, 96, 114.

Sarre, le régiment de la, 9, 12, 17, 30, 35, 36, 37, 42, 52, 53, 60, 82, 122,
     129, 136, 140, 156, 167, 168, 184, 192, 208, 226.

Saut-Montmorency, le, 167, 168, 169, 172, 175, 177, 179, 180, 181, 188,
     190, 192, 199, 200, 213, 216, 219, 221, 222, 223.

Saunders, l'amiral, 212, 217.

Savournin, le chevalier de, 161.

Schuyler, M., 119, 135, 137.

Selles, M. de, 94, 111, 117, 128, 130.

Senezergues, M. de, 10, 60, 61; éloge de, 104, 122, 125, 138, 139, 172,
     185, 193, 210, 211.

Sermet, M., commissaire, 39; ordre pour les rations à, 40, 41.

Shirley, le général, 213.

Sillery, 203, 207, 224.

Sirène, la, la frégate, 45.

Société, la, le vaisseau, 59.

Sorbes, Madame de, 57.

Sorel, 227.

Stobo, Robert, 135.

Surimeau, M. de, 126.

T

Tableaux, 169, 171.

Tachet, M., 185.

Thomas, capitaine, 59.

Tilbury, frégate angloise, 72.

Tonnancour, Mademoiselle de, 148.

Tonnant, le vaisseau, 71.

Tourville, M. le chevalier de, 9, 16.

Trivio, M. de, 50, 69, 79.

Trois-Rivières, la ville des, 24, 40, 42, 52, 180, 184; le gouvernement
     des, 226.

V

Varin, M., 18.

Vassal, M. de, 192, 203.

Vaudreuil, le fort, 24.

Vaudreuil, M. le marquis de, 10, 11, 14, 15, 18, 25, 26, 27, 29, 37; recommandations de, 39, 41; changement des quartiers d'hiver des bataillons, par, 42, 50, 51, 53, 55, 57, 58; Madame la marquise de, 59, 62, 65, 66, 67, 71, 73, 76, 77, 79, 84, 85, 86, 87, 88, 91, 94, 95, 99, 100, 102, 103, 104, 105, 107, 109, 110, 114, 115, 116, 117, 119, 120, 122, 125, 127; grand diner chez Madame la marquise de, 129, 131, 134, 140, 141, 142, 143, 144, 145, 146, 147; Madame de, 148, 149, 151, 154, 155, 157, 158, 161, 162, 164, 165, 166, 167, 175, 179, 182; ordres donnés par, 184; députation à, 185, 186, 188, 195, 198; avis de, 200; parlementaire chez, 206, 210, 211, 213, 214, 220, 224, 225.

Vergor, M. de, 69.

Versailles, 14.

Villars, M. de, 52, 60, 61, 73, 74, 95, 96, 118.

Villemontès, M. de, 94.

Villeray, M. de, 69

Villiers, M. de, 35, 72; mort de, 76, 83; Madame de, 118.

Voyageurs, les, 30.

W

Wolfe, le général, 201, 206; reproches du, 212, 214, 216, 223.

Wolff, M., 60, 62, 66.

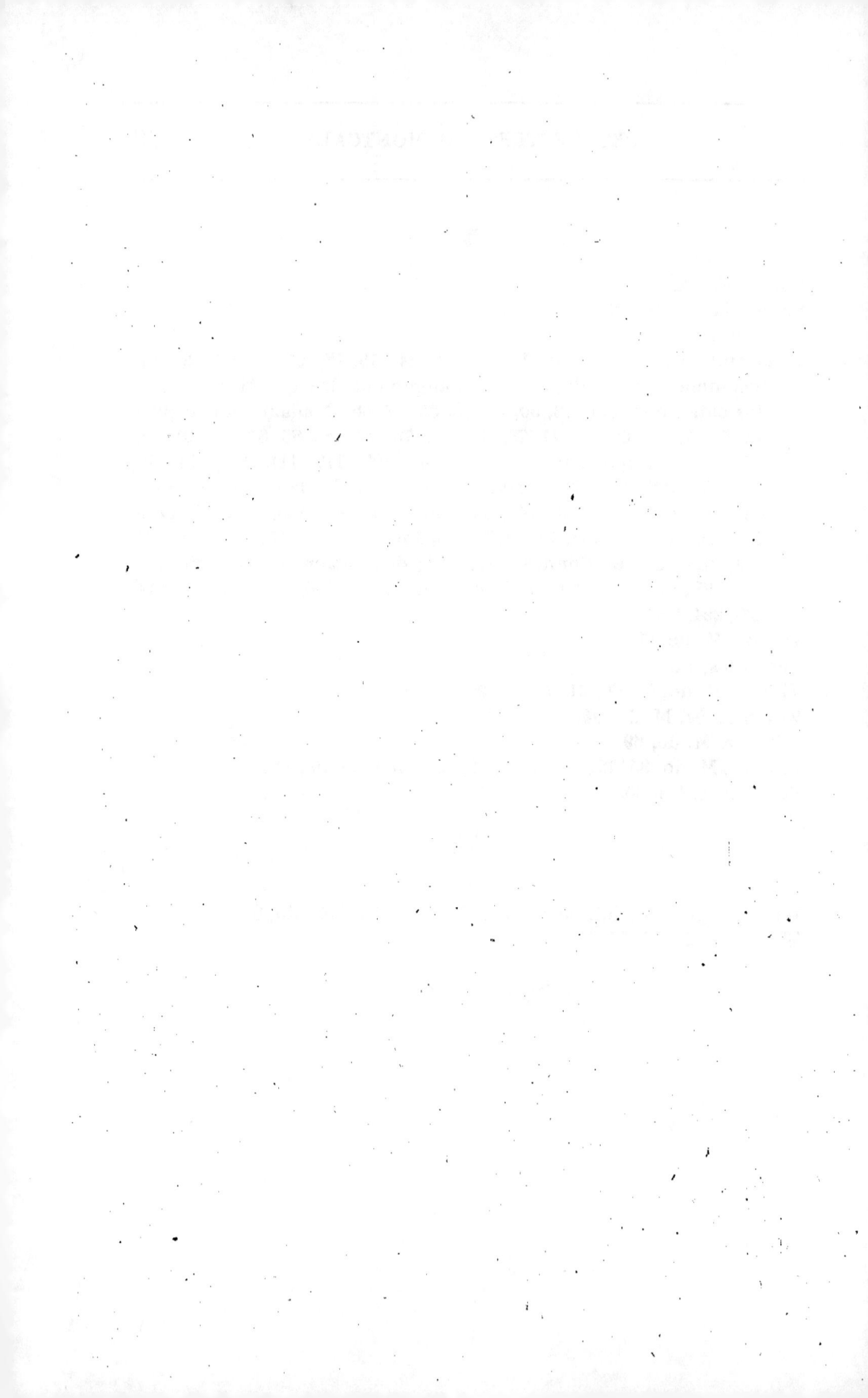

TABLE ANALYTIQUE

DU

JOURNAL DE MONTCALM

A

Abénakis, les, 69, 71, 79, 80, 146, 153, 192, 193, 335, 341, 359, 369, 405, 406, 407, 414, 423, 427, 433, 435, 440, 467, 471, 473, 497, 543, 562, 596, 597.

Abénakise, l', frégate, 84, 121, 130, 310.

Abercromby, le général, 356, 372; projets sur Carillon par, 373, 394, 396, 418; demande l'échange des prisonniers, 413, 440, 446; articles de la capitulation de Louisbourg envoyés à Bougainville, par, 447, 455; dépêches du, 458, 476, 486, 488, 532.

Agniers, la rivière des, 410.

Agniers, les, 74, 77, 80, 124, 138, 139, 140, 143, 190, 223, 286, 361, 387, 460, 593.

Acadie, l', 111, 112, 129; nouvelles de, 302, 324, 331, 333, 337, 338, 492, 495, 511, 513, 569.

Acadiens, les, 67, 162, 163, 187, 216, 302, 317; ravage de la petite vérole parmi, 322, 323, 337, 359, 463, 498, 507, 511, 530, 551.

Acapas, ou Catabas, les, 168, 169, 192, 329.

Actif, l', vaisseau de guerre, 60.

Aigle, l', vaisseau de guerre, 469, 485, 490, 525.

Aiguebelle, M. d', 314.

Aillebout, M. d' (lisez Ailleboust), 64, 84, 153.

Aix-la-Chapelle, 34.

6

Albany, 80, 534.
Alcide, l', vaisseau de guerre, 302, 546.
Algonquins, les, 138, 141, 423.
Ambassadeur, l', navire, 526.
Américain, l', navire, 526.
Amérique, 19, 20, 24, 26, 114, 174, 179, 227, 260, 261, 272, 318, 406.
Amiral, l', frégate, 546, 594.
Amherst, le général, 486, 488, 511, 525, 533, 558, 564; campé au fort
   Georges, 569, 570, 571, 575, 596, 597.
Ange-Gardien, l', 571, 588.
Angélique, l', navire, 526.
Angleterre, 72, 127, 248, 305, 411, 453, 459; flotte du Roi d', 487, 497,
   530, 532, 534, 594.
Anglois, les, 29, 30, 31, 34, 36, 46, 47, 48, 52, 53, 57, 65, 66, 67, 68, 69,
   70, 71, 72, 75, 79, 80, 85, 86, 87, 99; brûlent leurs forts sur la rivière
   Chouaguen, 110, 111, 112, 113, 119, 120, 122, 124, 125, 126, 129, 130,
   132, 133, 135, 136, 138, 139, 140, 142, 147, 148, 149, 150, 151, 153, 154,
   162, 168, 169, 170, 175. 177; sommation aux, 178, 179, 180, 185, 190,
   193, 194, 195, 201, 202, 204, 205, 206, 208; déroute des, 209, 211, 213,
   214, 217, 222, 223, 233, 241, 242, 245, 252, 253, 276, 280, 283, 285, 287;
   envoyés à Halifax, 301, 302, 303, 305, 310, 311, 317, 319, 321, 329,
   331, 337, 339, 340, 346, 348, 350, 355, 358, 359, 364, 366, 370, 371, 381,
   393, 403, 410, 411, 433, 434, 448, 449, 450, 452, 462, 463, 464, 465, 468,
   469, 471, 474, 477, 480, 483, 486, 487, 488, 493, 496, 498, 502, 503, 507,
   509, 510, 511, 517, 518, 521, 523, 525, 529, 530, 536, 538, 542, 551, 561,
   562, 577, 580, 585, 588, 590, 599, 600; atrocité des, 602.
Anse-aux-Cabanes, 92.
Anse-aux-Coques, 549.
Anse des Mères, 533, 541, 551, 578, 584, 596.
Anville, M. d', 30, 43, 338.
Arc-en-Ciel, l', navire, 24, 111.
Argenson, M. le comte d', 17, 18; lettre de, 19.
Arnoux, M., chirurgien-major, 166.
Artois, le régiment d', 25, 53, 112.
Astrel, M. d', 148, 586, 590.
Atalante, l', frégate, 526.
Attigué, la rivière d', 482.
Attigué, le village, 111, 119, 507, 513.
Aubert, M., 538, 544, 550.
Aubigny, M. d', 40; prise d'un vaisseau de guerre anglois, par, 65, 246.
Aubrespy, M. d', 83.
Aubry, M., capitaine, 482.

B

Baie Saint-Paul, la, 56, 57.

Banc-Vert, le, 45.

Barbue, rivière à la, 583.

Basserode, M. de, 148, 180.

Batiscan, 537.

Bayonne, 54.

Béarn, le régiment de, 26, 66, 77, 80, 83, 86, 87, 90, 91, 92, 94, 98, 100, 175, 177, 178, 179, 199, 235, 271, 299, 308, 316, 320, 327, 363, 373, 385, 397, 400, 477, 480, 560, 566, 571, 585.

Beaubassin, M. de, 539, 541.

Beaubassin, le fort de, 216.

Beaucourt, M. de, 377.

Bécancour, 153.

Bauffremont, M. le chevalier de, 31.

Beauharnois, le, vaisseau marchand, 121.

Beaujeu, M. de, 75, 76.

Beauport, 307, 521, 527, 528, 535, 544, 548, 557, 559, 560, 564, 566, 571, 609.

Beauport, la rivière de, 543, 563.

Beauséjour, le fort, 216, 302, 304, 314, 315, 337.

Beausset, le P., jésuite, 547, 548, 552, 597.

Beaussier, M. de, 23, 29, 32, 36, 37, 335, 369.

Belle-Isle, M. le maréchal, duc de, 22, 216, 309, 486.

Belle-Isle, le détroit de, 24.

Bellestre, M. de, 228, 276, 305, 311, 319, 321, 518.

Bellot, M., 418.

Belle-Rivière, la, 90, 110, 134, 146, 150, 151, 168, 169, 202, 203, 207, 210, 211, 214, 223, 245, 301, 311, 328, 335, 370, 381, 383, 387, 421, 459, 462, 475, 480, 482, 483, 484, 485, 490, 493, 495, 507, 508, 513, 517, 518, 530, 532, 534, 549, 568, 569, 575, 576, 587.

Belle-Rivière, le fort de la, 66, 70.

Benoist, M. le chevalier, 134, 481, 484; éloge de, 491, 500, 501, 509, 548, 568.

Bernard, le sieur, 390, 391, 393, 397, 399.

Bernetz, M. le chevalier de, 23, 271, 545, 552, 614.

Bernetz, la rivière de, 390, 393, 394, 438.

Berry, le régiment de, 225, 246; revue du, 302; ordonné pour aller servir aux Indes, 303, 309, 347, 372, 373, 385, 387, 391, 394, 397, 399, 401, 405, 478, 480, 512.

Besne de l'Etendart, M., 25.

Berwick, vaisseau de guerre anglois, 65.

Bic, le, 526, 541.

Bien-Aimé, le vaisseau, 485.

Bigot, l'intendant, 62, 74; goût pour le luxe et les jeux de hasard de, 145, 147, 165, 190, 198, 199, 218, 243, 246, 303, 306, 307, 308, 314, 323, 324; jeu effréné de, 325, 328, 330, 334: critiques sur, 338, 349, 362, 381, 426, 431, 443, 467, 485, 492, 503, 504, 516, 523, 533, 535, 539, 540; cupidité de, 550, 552, 553, 561, 562, 569, 570, 607, 614.

Bikers, lieutenant, 86.

Biville, M. de, 77.

Bizarre, le vaisseau de guerre, 246, 303, 304, 331, 378, 381.

Blackney, le régiment de, 373, 420.

Bleury, M. de, 79, 198, 203, 366.

Blingham, M. de, 24, 112, 185.

Bœufs, la rivière aux, 482, 501.

Boileau, M., 229.

Boishébert, M. de, 67, 112, 162, 187, 216, 244, 302, 327, 331, 334, 336, 337, 348, 353, 362, 363, 381, 447, 480, 498, 507, 541.

Bompard, M. de, 530.

Bonne, M. de, 229.

Bonneau, l'abbé, 342.

Bonneau, M., capitaine, 393.

Boquet, la rivière, 76, 383.

Bordeaux, 32, 62, 353, 530.

Boscawen, l'amiral, 486, 488.

Boston, 71, 75, 191, 202, 299, 530.

Boucherville, M. de, 80, 344.

Bougainville, M. de, premier aide de camp de Montcalm, 20, 24, 25, 41, 78, 84, 89, 98, 146 ; rédige les articles de la capitulation du fort Guillaume-Henry, 291, 293, *note*, 307, 388, 429, 430, 431 ; en mission auprès du général anglois, 433, 434, 438, 441, 443, 445, 446 ; envoyé en France, 451 ; observations sur l'aspect du pays, par, 457, 458, 459, 470, 482, 483, 519, 522, 526, 527, 535, 536, 559, 563, 571, 574, 583, 586, 588, 590, 592, 594, 600, *note*, 601, 604, 605, 606, 608, 609, 610, 612, 613, 614, 615, 616, 617.

Bouquet, le colonel Jean-Henri, 482.

Bourdonnaye, M. de la, 21.

Bourgogne, le régiment de, 25, 53, 112.

Bourlamaque, M. de, commandant en troisième, 18; fait colonel, 19, 20, 24; croix de Saint-Louis, 25, 65; départ de, pour Frontenac, 72, 77, 82, 83, 87, 90, 93, 95; blessé, 96, 99, 101; présentation des drapeaux pris à Chouaguen par, 109, 191, 199, 209, 212, 224, 235, 271, 279, 280, 290, 299, 313, 347, 372, 382, 383, 384, 391, 397; blessé, 400, 512, 525, 530, 533, 536, 551, 552, 569, 579, 583, 591, 593, 596, 597, 608.

Braddock, le général, 463, 581.

Bradstreet, lieutenant-colonel, 86, 390, 459, 460, 466.

Brest, arrivée du marquis de Montcalm à, 22, 23, 30, 31; départ de l'escadre françoise de, 32, 33, 41, 53, 69.

Bretagne, la, 65.

Bretons, les, 21, 22.

Bristol, le, 304.

Brugnon, M. de, 24.

Bruyère, M. de la, 514, 563, 564, 613.

Bull, le fort, 164, 189, 434, 471, 509, 517, 568.

C

Cadet, le sieur, 166, 540, 543.

Cadix, 37.

Caire, M. de, ingénieur, 523, 531, 563, 576, 579.

Cambis, le régiment de, 388.

Canada, 19, 33; missions du, 51; ravage de la petite vérole au, 59, 63, 121, 129, 152, 164, 166, 167, 187, 189, 196, 201, 304, 305, 317, 318, 319, 323, 331, 336, 353, 363, 368, 371, 393; sauvé par la victoire de Carillon, 403, 418, 419; diminution de traitement aux troupes du, 443, 446, 462, 467, 468, 483, 485, 487, 488; recensement général du, 496, 497, 503, 506, 509, 511, 521, 531, 566, 568, 572, 589, 593.

Canadien, le, bateau, 516.

Canadiens, les, 52, 53, 59, 66, 67, 76, 78, 79, 80, 89, 90, 92, 94, 96, 97, 98, 100, 121, 145, 148, 152, 156, 163, 166, 169, 171, 174, 180, 206, 210, 215, 218, 223, 227, 228, 229, 233, 235, 237, 241, 242, 272, 288, 289, 292, 305, 316, 319, 321, 334, 337, 349, 369, 383, 384, 386, 389, 400, 402, 405, 408, 410, 412, 414, 421, 427, 432, 433, 444, 453, 464, 466, 470, 473, 481, 483, 484, 488, 497, 499, 500, 501, 512, 527, 529, 530, 531, 536, 547, 548, 550, 552, 563, 566, 567, 571; désertion des, 574, 576, 588, 590, 612, 614, 615, 616.

Canardiere, la, 561, 563, 604, 610, 611, 614.

Canon, M., capitaine, 431, 522, 524, 557, 595, 596.

Canseau, le détroit de, 37.

Cap-au-Diamant, 183.

Cap-Maillard, 58.

Cap-de-Raye, 48, 49, 52.

Cap-des-Rosiers, 57.

Cap-Rouge, 556, 586.

Cap-Rouge, la rivière du, 533.

Cap-Santé, 536, 584, 609.

Cap-Tourmente, 54, 58, 60, 307, 521, 524, 541.

Carignan, le régiment, de, 57.

Caroline, la, 113, 170.

Carlan, le sieur de, 405.

Carillon, le fort de, 66; nouvelles du, 69, 71, 72, 74, 77, 79, 80, 83, 88,
    100, 120, 128, 130, 145, 147, 148, 152, 154, 165, 174, 179, 181, 187, 189, ·
    190, 191, 198; mauvaisesn ouvelles du, 199, 200, 202, 207, 208, 211,
    212, 213, 216, 222, 223, 225, 226, 231, 232, 234, 235, 241, 271, 274, 286,
    299, 308; Agniers auprès du, 313, 316, 319, 320, 328, 329, 338, 339,
    340, 341, 342, 351, 352, 356, 361; armée assemblée au, 364, 372, 377,
    378, 382; menacé, 384, 385, 386, 387, 395, 398, 405, 409, 411, 427, 431,
    438, 441, 445, 450, 452, 456, 459, 482, 488, 490, 491; nouvelles du,
    493, 494, 495, 497, 505, 508, 509, 511, 512, 517, 528, 530, 532, 533, 535,
    544, 546; accident au, 548, 558, 569, 571, 575, 578, 579; abandonné,
    583.

Castillon, M. de, 310.

Cataracoui, le fort de, 123, 125, 143, 144, 473.

Caumont, M. de, 60.

Cavalier, le sieur, 209.

Cèdres, les, 173, 443, 501.

Célèbre, le, vaisseau de guerre, 246, 303, 304, 331.

Céloron, M. de, 111, 369.

Chabert, M. de, 193, 344, 483.

Chambly, 121, 191, 200, 201, 207, 209, 219, 364, 374, 411, 450, 505, 513.

Chamakin, le fort de, 223.

Chameau, le, vaisseau, 48, 49.

Chaneouenaghen, chef onéyout, 205.

Champlain, le lac, 76, 79, 155, 180, 183, 229, 319, 405, 411, 438, 444, 525,
    530, 552, 575, 593, 597.

Charca, chef sauvage, 137.

Charlevoix, le P. de, 46, 50, 57, 62.

Charly, M. de, 114, 115, 116, 117, 118, 305, 446, 476.

Chassignolles, M. de, 533.

Châteauguay, le village de, 190.

Chaouénons, les, 150, 151, 168, 192, 214, 329, 335, 493, 495, 517.

Chauvignerie, M. de la, 139, 329.

Chauvigny, M. de, 329.

Chérokis, les, 123, 124, 128, 132, 137, 168, 192.

Chérokis, la rivière des, 486, 518.

Chevrotière, M. de la, 340.

Chibouctou, 43, 216, 244.

Chicasas, les, 138, 419, 460.

Chicot, la rivière au, 80, 84, 183, 234, 242, 251, 290, 321, 361, 437.

Chiens, la nation des, 150.

Chouaguen, le fort de, 52, 68, 71; prise du, 77, 85, 86, 87, 88, 89, 91, 92, 93, 94, 96, 99; description du, 101, 119, 121, 126, 129, 133, 135, 136, 142, 153, 167, 190, 195, 218, 252, 305, 311, 316, 321, 350, 358, 410, 434, 439, 440, 449, 451, 452, 497, 500, 502, 503, 508, 533, 546, 548, 568, 593.

Chouaguen, la rivière, 167.

Chouanugon, la pointe de, 224, 230.

Chute, rivière à la, 74, 77, 211, 236, 241, 274, 361, 385, 386, 387, 388, 390, 391, 393, 394, 395, 397, 398, 399, 402, 412, 445, 456.

Cinq-Nations, les, 88, 95; les Iroquois des, 119, 122, 123, 124, 128, 129, 130, 131, 133, 134, 135, 136, 137, 138, 139, 141, 142, 143, 144, 164, 167, 168, 170, 175, 193, 195, 207, 210, 211, 213, 223, 233, 262, 290, 306, 312, 321, 344, 346, 350, 357, 358, 382, 383, 387, 402, 434, 439, 471, 473, 483, 495, 497, 502, 503, 507, 509, 516, 568; doutes sur la bonne foi des, 574, 578.

Coetlogon, M. de, major, 85.

Colombière, M. de la, 69, 75.

Combles, voyez Des Combles.

Concorde, la, barque, 24.

Conflans, M. le comte de, 23, 31.

Contrecœur, M. de, 73 ; son fils tué par accident, 75, 76, 80, 84, 176, 327, 330.

Contrecœur, le camp de, 390, 391, 394, 438, 458.

Corbière, M. le chevalier de, 134, 249, 484.

Corlar, la rivière, 122, 210, 311, 327, 333, 336, 358, 383, 334, 387, 410, 548.

Corne, voyez La Corne.

Cornier, M. de, 26.

Courtemanche, M. de, 87, 279, 410, 538, 539.

Conteret, M. de, 490.

Courtes-Oreilles, les, 468.

Coutrot, le sieur, 468.

Courval, M. de, 525, 527, 545, 583.

Craon, George, M., 111.

Crenay, M. le chevalier de, 29, 35.

Croy, M. le prince de, maréchal des camps, 327.

Cumberland, le fort de, 70, 150, 192, 201, 228, 245, 312, 462, 488.

Cursay, M. le marquis de, 23.

D

Daine, M., 373.

Dalquier, (lisez d'Alquier), 274.

Darenne, M., 339.

Dauphin, le régiment de, 18.

David, le, vaisseau de guerre françois, 212, 215, 216.

Decoigne (lisez Decouagne), le sieur, 168.

Desandrouins, M., second ingénieur, 22, 24, 26; arrivée de, 65, 78, 92, 95 ; parti pour Saint-Jean, 173, 191 ; projets admis par, 203, 351, 386, 391, 409, 415, 607.

Deschambault, 548; les ennemis débarqués à, 592, 594, 601.

Deschambault, M., 549, 607.

Deschenaux, M., 496, 513.

Des Combles, M. Lombard, premier ingénieur, 22, 24; croix de Saint-Louis, 25, 70, 71, 86; tué accidentellement par les sauvages, 93, 100, 187.

Desgouttes, M., 355.

Des Ligneris, M., 86, 95, 111, 149, 150, 151, 192, 245, 370, 388, 462, 474, 493, 502, 507, 517, 545.

Lion-d'Or, le, 358.

Desnoes, M., capitaine, 399.

Des Plaines, M., 538.

Des Rivières, M., 536.

Des Roberts, M., 578.

Détroit, 113, 155; nouvelles du, 168, 180; lettres du, concernant les sauvages, 208; nouvelles du, 222, 313, 333, 350, 357, 369, 419, 451, 483, 484, 501, 502, 507; les Hurons du, 517, 518.

Deux-Amis, les, vaisseau marchand, 451.

Deux-Frères, les, vaisseau marchand, 121, 316.

Deux-Rochers, le poste des, 74.

Deux-Montagnes, le lac des, 124, 153; les Iroquois du, 164, 189, 227.

Devèze, M. de la, 29, 31, 32.

Diamant, le, vaisseau, 316.

Dieskau, M. le baron de, 17, 20, 26, 136, 319; lettres de, 374, 375.

Doreil, M., 470, 482.

Doumé, M., 22.

Douville, M., 68, 111.

Drucour, M. de, gouverneur de l'Ile-Royale, 52, 187, 244, 334, 348, 380.

Dubois de La Mothe, M., 24, 58, 225; liste des vaisseaux de guerre sous les ordres de, 247, 248, 303, 331.

Duburon, M., 61.

Duchaffaut, M., 490.

Duclos, le sieur, 524.

Dufay, le sieur, 351.

Du Guay, M. le comte, 30, 32.

Dumas, M., capitaine, 66, 70, 110, 111, 119, 134, 155, 158, 176, 177, 229, 236, 369, 470, 548, 552, 571, 572, 578, 580, 610, 611, 617.

Dumuys, M., 113, 121, 155, 350, 357; mort de, 366, 518, 552.

Duplessis, M., 74, 75, 84, 316, 439, 451, 480, 481.

Duquesne, M., 185, 187, 188, 370.

Duquesne, le fort, 66, nouvelles du, 68, 70, 119, 129, 169, 192, 195, 201, 208, 214, 245, 311, 312 332, 357, 366, 388, 463, 482, 484, 502, 517, 519, 542, 549, 569.

Dufils, le sieur, 159, 171.

Duprat, le sieur, capitaine, 390, 394, 397, 399, 477.

Durantaye, le sieur de la, 334, 339.

Durfort, M. de, 29.

Duverny (lisez du Vernys), M., 473, 484, 535.

E

Eboulements, les, 56, 57, 58.

Ecossois, les, 204, 321, 582, 586.

Edouard, le fort, 293, 302, 351, 408, 409, 410, 420, 424, 486.

Eléphant, l', naufrage de, 60.

En-Haut, les postes d', 80, 90, 110, 121, 129, 140, 142, 150, 151, 167, 181, 190, 191, 196, 218; cérémonie des sauvages des, 220; conseil des nations des, 224, 231, 234, 238, 260, 261, 262, 263, 304, 311, 411, 418, 438, 443, 449, 466, 473, 487, 494, 500, 501, 505, 507, 513, 526, 540, 544, 549, 572.

Entrée, le sieur d', 345.

Erié, le lac, 196.

Espinassy, M. d', 346, 357, 370, 448, 568.

Estève, M., 41.

Etats, des quartiers destinés aux troupes françoises, 81, 82; des effets et munitions de guerre, 102; des prisonniers de Chouaguen, 103, 104, 105, 106, 107, 219; de l'embarquement des troupes au Portage, 272, 273; de la garnison angloise au fort Guillaume-Henry, 294, 295, 296, 297; des soldats tués et blessés pendant le siège du fort Guillaume-Henry, 298; des quartiers d'hiver, 313, 314, 397, 398; des officiers tués et blessés, le 8 juillet, 403, 404, 405; de l'armée de Carillon le 13 juillet, 408; des régiments des troupes en Amérique, en 1758, 416, 417, 423.

Etchemin, la rivière, 604.

Europe, 31, 36, 40, 46, 84, 174, 179, 238, 272, 318; nouvelles d', 458, 459, 509, 535, 589.

Evêque de Québec, 181; mandement de l', 217, 332; nouveau mandement de l', 516.

Extravagante, l', la goélette, 488, 492.

F

Forté, M. de la, 213.

Fisher, M., 72.

Flandre, 34.

Florimond, M. de, 69, 71, 75, 79, 473, 478.

Folles-Avoines, les, 86, 88, 218, 231, 262, 350, 432, 468.

Fontbonne, M. de, 96.

Fontbrune, M. de, 24, 25.

Forbes, le brigadier, 459, 473, 482, 493, 517.

Foudroyant, le, vaisseau, 362.

Fouquet, M. de, 24.

Fournier, M., ingénieur, 523, 530, 535.

Fourrat, M. de, 339.

France, 41, 53, 59, 62, 63, 67; recrues de, 72, 73, 84, 112, 125, 147, 163, 164, 165, 167, 169, 187, 189, 190, 199, 201, 203, 207; nouvelles de, 212, 213, 215, 222, 239, 302, 312, 323, 324, 332, 334, 346, 353, 362, 368, 369, 380, 418, 427, 440, 446, 465, 468, 469, 486, 487, 494, 498, 503, 504, 506, 516, 519, 522, 535, 594.

François, les, 46, 76, 91, 132, 170, 176, 206, 239, 275, 312, 350, 369, 412, 414, 465, 474, 475, 487, 529, 530.

Franquet, M., 112, 248, 378.

Frontenac, le fort de, 66, 70, 71; camp du, 72, 87, 88, 90, 91, 100, 110, 119, 129, 133, 138, 143, 196, 206; nouvelles du, 320, 343, 346, 349, 437, 438, 439; prise du, 448, 449, 450, 451, 453, 458, 460, 473, 476, 478, 480, 481, 483, 499, 500.

G

Gabarus, l'anse de, 379, 380, 381.

Gage, le sieur, 432.

Galissonnière, M. de la, 37, 63, 216, 257, 330.

Ganaouské, la baie de, 176, 257, 275.

Gannes, M. de, 86, 422.

Garcin, M., 25.

Garde des sceaux, M. le, 24.

Gaspareau, le fort de, 162, 304, 314, 315, 337.

Gaspé, M. de, 279, 422.

Gaspé, 113, 150, 464, 468, 469, 471, 473, 480, 487, 531.

Gaumain, M., 23.

Gédéon, le, vaisseau, 451.

Georges, le fort, 75, 78, 79, 80, 98, 101, 145, 147, 179, 182, 198, 202, 206, 212, 234, 237, 244, 251, 253, 274, 276, 282, 301, 302, 321, 337, 382, 448, 478.

Georges, le lac, 456, 476, 477.

Georgie, la petite, 113.

Germain, M. le chevalier de, 25, 390, 391.

Germain, le P., missionnaire, 67, 113, 331, 337, 441.

Glorieux, le, vaisseau, 310.

Godefroy, M. le chevalier de, 134, 171, 451.

Gordon, le capitaine, 546.

Gorham, le capitaine, 547.

Gouffre, le, 54, 58.

Grand-Banc, le, 41, 43, 44, 45, 47.

Grande-Société, la, 460, 462, 463, 465.

Grandville, M. de la, 148.

Grant, le colonel, 347.

Grive, le sieur de la, 185.

Grondines, les, 601.

Grosbois, M. de, 237.

Guillaume-Henry, le fort, 293, 299, 317, 318, 414, 434.

Guyenne, le régiment de, 26, 66, 67, 68, 77, 82, 86, 87, 90, 92, 100; misères endurées par, 120; maladie au, 163, 200, 207, 219, 223, 235, 250, 271, 299, 308, 345, 373, 385, 397, 400, 401, 477, 479, 480, 491, 559, 566, 571, 603, 610, 611.

Goyon, M. de, 21.

Goyogouins, les, 123, 124, 144, 168, 175, 193, 214, 358.

Goyogouins, la baie des, 508.

H

Halifax, 185, 313, 320, 362, 497, 524.

Haviland, le colonel, 339, 347.

Halfway's-Brook, le fort de, 410, 420.

Hébécourt, M. d', 76, 339, 341, 383, 384, 386, 478.

Herbin, M., 590.

Hérault, Madame, 20.

Héros, le, vaisseau, 23, 28, 29, 32, 34, 35, 36, 39, 40; inquiétudes pour, 43, 52, 58; arrivé à Québec, 61.

Hert, M. d', aide-major, 399.

Hertel, M., 176, 518.

Holmes, l'amiral, 546.

Hôpital-Général, 303, 307, 322, 530, 535, 590.

Hocquart, intendant du Canada, 30, 31, 183, 306, 323.

Hotchig, chef sauvage, 138, 187, 189, 203, 299, 363, 469, 476.

Howe, le général, 373; tué, 391, 402.

Huon de Kinadec, M., 29.

Hurault de l'Hôpital, M., 25, 90, 93, 95, 100; mort de, 231, 274.

Hurault, la, barque, 87, 91.

Hurons, les, 122, 405, 423; retour des, 436.

I

Ignace, chef sauvage, 382.

Ile-à-la-Barque, 74, 237, 249, 274, 436.

Ile-aux-Basques, 53.

Ile-aux-Boiteux, 383, 384.

Ile-aux-Chapons, 382.

Ile-aux-Coudres, 50, 56, 57, 58, 305, 525, 527, 529, 531, 536, 539, 546.

Ile-aux-Galops, 86, 509, 510, 548, 568, 575.

Ile-aux-Moutons, 456, 457, 460.

Ile-aux-Noix, 530, 535, 552, 583, 593, 608.

Ile-aux-Oiseaux, 49.

Ile-aux-Pommes, 53, 527.

Ile-d'Anticosti, 24, 49, 331.

Ile-de-Port-Mahon, 73.

Ile-des-Açores, 37.

Ile-d'Orléans, 307, 525, 526, 534, 538, 539, 544, 546, 547, 548, 551, 558, 560, 562, 564, 565, 567, 570, 591, 594, 599, 600, 603, 607, 611.

Ile-du-Bic, 50, 52, 57, 130, 485

Ile-Oracointon, 607.

Ile-Perrot, 173.

Ile-Royale, 37, 69, 79, 111, 112, 162, 213, 244, 246, 302, 334, 446, 447, 448.

Ile-Saint-Barnabé, 50, 51, 52, 246, 485, 523, 549.

Ile-Saint-Jean, 113, 162, 317, 465.

Ile-Saint-Pierre, 48.

Ile-Verte, 54, 526.

Illinois, 180, 214 ; nouvelles des, 324, 350, 388, 419, 483, 484, 486, 493, 501, 502, 518, 532, 549.

Illustre, l', vaisseau, 23, 29, 32, 65, 68, 70.

Iroquois, du Saut-Saint-Louis, les, 69, 70, 72, 75, 78, 79, 80, 88, 120, 130, 131, 133, 135, 136, 139, 140, 143, 151, 164, 170, 186, 187, 188, 192, 193, 202, 206, 207, 214, 223, 245, 260, 261, 316 ; conseil des, 333, 334, 357, 361, 368, 387, 405, 414, 420, 423, 433, 435, 436, 438, 440, 467 ; conseil avec, 470, 473.

Iroquoise, l', la barque, 508.

J

Jacob, le capitaine, 398.

Jacques-Cartier, 537, 597, 616, 617.

Jacquot de Fiedmond, 190, 202, 207, 274, 386, 405, 411, 477, 479, 529, 531, 561, 573.

Jason, le, vaisseau de guerre françois, 212, 215, 216.

Jaubert, M. de, lieutenant, *note*, 394.

Jésuites, les, 113, 146, 147, 329, 334, 335, 551, 557.

Jeune-Lorette, la, 556.

Johnson, le colonel, 125, 164, 168; envoi aux sauvages par, 194, 202, 203, 210, 302, 311, 344; arrive avec des sauvages, 398, 410, 495, 509, 510, 517, 533.

Joncaire, M. de, 138, 143, *note*, 170, 193, 194, 357, 436, 568.

Jonquière, M. de la, 30, 128, 303, 338, 349, 369, 489.

Judith, la, frégate, 362.

Jumonville, M. de, 319.

K

Kamouraska, 54, 55, 58, 366, 527.

Kanectagon, chef sauvage, 274, 282.

Kennedy, le capitaine, 597.

Kouari, le fort, 327, 335.

Kisensik, chef sauvage, 258, 278, 352, 361, 363, 491.

L

Lachine, 66, 67, 68, 72, 190, 200, 207, 299, 363, 374, 494, 516.

La Corne, M. le chevalier de, 73, 76, 77, 279, 412, 546, 548, 568, 575, 608.

La Force, M., 166, 319.

Lahoulière, M. de, 381.

La Morlière, M. de, 72, 166.

Lamotte, chef sauvage, 256, 257.

Landrlève, M., 88, 89.

Langlade, M. de, 145, 148, 216, 229, 242, 249, 518.

Langlet, l'abbé, 53.

Langis, M. de, 79, 80, 84, 91, 225, 298, 318.

Languedoc, le régiment de, 26, 66, 72, 83, 120, 177, 178, 179, 218, 221, 223, 235, 271, 299, 302, 308, 347, 373, 385, 391, 396, 399, 400, 477, 479, 480, 527, 529, 560, 566, 571.

Langy-Levreault, M. de, 452.

Langy-Montégron, M. de, 325, 326, 328, 332, 339, 347, 351, 357, 361, 363, 365, 366, 371, 382, 388, 390, 393, 465, 467, 469, 533, 536, 571.

Lantagnac, M. de, lieutenant, 84.

Lapause, M. de, 88, 89, 98, 172, 209, 219, 330, 477, 479.

Laprairie, 78, 83, 154, 190, 218, 450.

La Rochelle, 55, 56, 59, 184, 451.

La Rochette, lieutenant, 393.

La Rivière, sergent, 613.

Laubaras, M. de, 525, 544.

Lawthies, milord, 344.

Le Borgne, M., 149, 209 ; retour de, 483.

Lefèvre, M., lieutenant, 298.

Légère, la, barque, 469.

Legris, le sieur, 524, 535.

Le Mercier, M. le chevalier, 70, 78, 88, 90, 92, 93, 152, 153, 159, 172, 175, 176, 177, 190, 207, 250, 317, 387, 415, 424, 431, 496, 514, 525, 538, 544, 545, 546, 547, 550, 552, 553, 556, 557 ; mémoire de, 558, 560, 561, 563, 564, 565, 567, 574, 579, 581 ; délégué à la flotte angloise, 582, 584, 587, 614.

Léopard, le, vaisseau, 23, 29, 32, 65, 66, 68, 70, 112.

Lepage, M., 51.

Léry, M. de, 79, 80, 155, 522, 524, 526, 527, 541, 551, 558, 562.

Levasseur, M., 174, 444, 554.

Levayer, M., 29.

Lévis, M. le chevalier de, commandant en second, 17, 18 ; fait brigadier, 19, 20, 24, 71; à Carillon, 73, 74, 75, 80, 83, 84, 120, 123, 145,
154, 183, 217, 218, 224, 235, 257, 262, 270, 271, 274, 275, 276, 277, 278,
279, 282, 283, 284, 289, 290, 298; commande à Carillon, 299; part
de Carillon, 301, 302, 308, 316, 325, 327, 364, 374, 378, 384, 387, 390,
394, 396, 397, 399, 400, 402; découverte par, 423, 464, 466, 529, 551,
552, 560, 561, 563, 564, 571, 587, 591, 607, 608, 616, 617.

Le Verrier, M., 487, 518.

Liberté, la, barque, 304.

Licorne, la, barque, 23, 28, 29; entre en rade, 61.

Liébaux, M. de, 75.

Lionne, la, barque, 87.

Littlehales, le colonel, 98; capitule, 108.

Long-Saut, le, 541.

Longueuil, M. le baron de, 131, 134, 139, 151, 153, 155, 158, 172, 176,
218, 314, 366, 387, 434.

Longueuil, M. le chevalier de, 62, 64, 131, 172; *note*, 197, 198, 230.

Lorette, les Hurons de, 329.

Lorimier, M. de, 150, 204, 321, 333, 344, 481.

Lotbinière, M. de, 73, 152, 159, 211, 533, 552.

Louche, M. de, 527, 561.

Loudon, le général, 78, 152, 153, 164, 182; son fils tué, 183, 217, 318,
319, 339, 341, 356.

Louisbourg, M. de, 176.

Louisbourg, 24, 34, 48, 52, 65, 112, 150; nouvelles de, 212; expédition
sur, 217, 244, 246, 248, 303, 304, 310, 311, 313, 321, 324, 330, 333,
334, 337, 340, 348; escadre à, 355, 356, 362, 368; nouvelles de,
378; descente des Anglois à, 379, 381 ; siège de, 388, 410, 418, 421,
437, 441; reddition de, 446, 459, 465, 468, 476, 486, 488, 490.

Louisiane, la, 113, 180, 183, 311, 324, 349, 351, 366, 498, 532.

Loups, les, 122, 124, 129, 133, 151, 168, 169, 170, 192, 214, 335, 344, 361,
493, 495, 517, 596, 597.

Loutre, la rivière à la, 405.

Louvicourt, M. de, 528.

Louvigny, M. de, 79, 80.

Lowe, le colonel, 86.

Loyal-Hannon, 482, 487, 507, 517, 568.

Lusignan, M. de, 147, 148, 149, 389, 478, 514, 563, 564, 577.

Lydius, le fort, 66, 69, 76, 78, 79, 145, 147, 182, 198, 203, 234, 242, 250,
251, 277, 279, 282, 283, 289, 290, 317, 320, 321, 333, 338, 347, 351,
361, 437, 478, 488, 528, 533, 558.

Lys, le, vaisseau de guerre, 302.

M

Machault, la, frégate, 526.

Machault, le fort, 68, 195, 366, 482, 493, 501, 507, 516, 517.

MacCarthy, M. de, major, 486.

Machica, chef sauvage, 71.

Maisonfort, M. de la, 34.

Mal-Engueulée, la, 507.

Manon, la, frégate, 601.

Marbœuf, M. de, 21.

Maréchal-de-Senneterre, la, frégate, 526.

Marcel, le sieur, 22, 24, 25, 65.

Marillac, M. le chevalier de, 26.

Marin, M., 78, 86, 145, 198, 221, 224, 234, 241, 242, 246, 250, 251, 427, 429, 432, 435, 436, 437, 457, 478, 567, 593.

Marine, troupes de la, 537.

Marquise, la, barque, 87, 91, 448, 450.

Matane, 50.

Matavet, le P., 242.

Martel, M., commissaire, 370, 431, 549.

Martin, capitaine, 318, 413, 414.

Martinique, la, 40, 530.

Maryland, le, 110.

Méloises, M. des, 198, 513.

Mercer, le colonel, 95; tué, 98, 101.

Mézières, M. de, 228.

Miamis, les, 350, 501.

Michillimakinac, 212, 215; sauvages de, 230, 232, 319, 350, 489, 507, 518.

Micmacs, les, 433.

Millettère, M. de la, 436, 568, 574.

Minabonjou, chef sauvage, 208.

Miramichi, 187, 200, 334, 337, 473, 497.

Mississagués, les, 68, 75, 122, 134, 208, 213, 221, 423, 427, 433, 435, 436, 438.

Mississcoui, 341, 353, 596.

Mississipi, 419.

Monckton, le général, 586.

Montagnards-Écossois, le régiment des, 373, 400.

Montagne-Pelée, la, 390.

Montalais, M. de, 23, 303.

Montbeillard, M. de, 243, 307.

Montcalm, M. le marquis de, 17 ; fait maréchal de camp, 19 ; son départ de Versailles, 20, 24 ; part pour Montréal, 66 ; honneurs rendus à, 67 ; part pour Carillon, 73, 74, 75, 77, 78, 80, 88 ; prépare le siège de Chouaguen, 89, 90, 91, 92, 93, 95, 97, 98, 99, 100, 107, 108, 130, 135, 136, 152, 153, 155, 157, 165, 167, 174, 179, 215, 217, 218, 222, 224, 227, 229, 232, 237 ; études sur les mœurs des sauvages par, 238, 240, 255 ; conseil avec les sauvages, 256, 258, 259, 261, 262, 274, 275, 276, 277 ; avertissements aux commandants anglois, 278, 279, 280, 281, 282, 283, 284, 285, 286, 288, 289, 290, 291 ; sauvages appelés en conseil par, 292, 293, 298, 302, 303 ; visite la côte du Nord, 307, 308 ; conseille et donne exemple de frugalité, 309, 313, 322, 324, 325 ; visite les Hurons, 329, 330, 332, 336, 338, 339, 343, 345, 347, 351, 468, 370, 373, 374, 375 ; différends avec le marquis de Vaudreuil, 376, 377, 384, 400, 409, 412, 413, 436, 443, 467, 470, 477, 478, 479, 481, 483, 488, 489, 492, 496, 499, 505, 510, 511, 512, 514 ; avis non appréciés du, 521, 522, 523, 524, 525, 530, 531 ; fait lieutenant général, 532, 533, 534, 536, 537, 538, 539, 540 ; mémoire par, 541, 543, 544, 547, 549, 550, 551 ; avis du, 552, 556, 557, 558, 560, 561, 562, 563, 565, 566, 567, 569, 570, 571, 572, 574, 575, 583, 586, 587, 589, 590, 591, 592, 593, 595, 596, 597, 598, 601, 602, 603, 607, 608, 609, 611, 612, 613; blessé à mort, 614.

Montcalm, Madame de, 191.

Montcalm, M le comte de, fils aîné du marquis de, 19.

Montdardier, M. de, 341.

Montesson, le sieur de, 457.

Montigny, M. de, 450, 451, 460, 567, 593.

Mont-Louis, le, 49.

Montluc, M. de la Bourdonnaye de, 21.

Montmédy, le sieur de, 20.

Montréal, 54, 59, 62, 64, 65, 70, 72, 74, 83, 88, 100; drapeaux déposés à, 108, 113, 122, 128, 129, 132; incendie à, 153, 166, 175, 182, 196, 210, 213, 222, 232, 234, 235, 336, 243, 255, 256, 299, 300, 308, 311, 312, 316, 319, 322, 323, 324, 325, 327, 332, 346, 363; émeute des femmes à, 370, 377; courrier de, 378, 382, 387, 411, 415, 419, 420, 421, 423, 424, 427, 432, 433, 434, 438, 443, 446, 447, 449; nouvelles de, 452, 453, 458, 460, 471, 473, 484; incendie à, 493, 494, 495, 496, 500, 506, 515, 522, 524, 537, 542, 544, 545, 550, 556, 560, 567, 572, 587, 590, 599, 601, 606, 607.

Montredon, M. de, 271.

Monrepos, M. de, 154, 327, 330, 370.

Montreuil, M. de, 20, 65, 314, 552, 592, 614.

Moras, M. de, 222.

Mouette, M., 79.

Munro, le colonel, 282, 287, 291, 320.
Murray, le général, 373, 586.
Musseau, M. de, 334.

N

Naudière, M. de la, 67, 113, 422, 525, 527, 529, 532.
Niacktaron, la baie de, 176.
Niagara, le fort de, 63, 66, 68, 87, 91, 110, 122, 129, 133, 134, 138, 150, 167, 168, 169; comédie jouée à, 192, 193, 196; nouvelles de, 202, 208, 211, 213, 214, 222, 244, 301, 312, 320, 342, 343, 346, 350, 357, 388, 411, 439, 448, 451, 453, 459, 460, 463, 481, 482, 483, 484, 490, 500, 501, 502, 507, 508, 516, 530, 532, 546, 549, 567, 568, 576, 578; prise de, 587, 593.
Niaouré, la baie de, 85, 86, 87, 89, 91, 92; *Te Deum* à, 100, 439, 452.
Népissings, les, 69, 71, 75, 80, 138, 141, 260, 261, 263, 352, 361, 387, 423, 433, 471.
Niseranck, M. de, 29.
Niverville, M. de, 242, 507.
Noms des chefs sauvages à l'embuscade du Pain-de-Sucre, 253, 254.
Normandville, M. de, 111, 134, 192, 357.
Nouvelle-Angleterre, la, 169, 182, 320, 384, 469, 512, 530.
Nouvelle-Orange, la, 68.
Nouvelle-Orléans, la, 419, 487.
Nouvelle-Société, la, 303, 304, 535.
Nouvelle-York, la, 151, 167, 195, 202, 293, 441, 533.
Noyan, M. de, 65, 34, 144, 207, 446, 448, 449.
Noye, le sieur de la, 345.
Noyelle, M. de, 314.
Number-Forth, fort sur la rivière Connecticut, 440.

O

Onéyouts, les, 123, 124, 136, 137, 140, 141, 144, 164, 165, 175, 203, 204, 205, 206, 207, 209, 213, 221, 460, 495, 509, 510.
Onoaroguen, chef sauvage, 509.
Onontagué, chef sauvage, 302, 335, 510.
Onontagués, les, 123, 124, 193, 210, 223, 311, 434, 473, 480.
Ononthio, nom sauvage du gouverneur général, 69, 130, 133, 141, 142, 168, 175, 185; attachement des sauvages pour, 194, 204, 206, 231, 257, 279, 336, 368, 369, 407, 510.
Ontario, le lac, 67, 68, 85, 87, 94, 110, 134, 411, 437, 438, 444, 450, 452, 480, 483, 484, 497, 499, 568.
Ontario, le fort, 96, 97, 99, 439.

Orange, le fort, 72, 202, 334, 533.

Outaouais, les, 131, 133, 141, 187, 189, 212, 213, 215, 223, 237, 238, 299, 301, 344, 386, 387, 405, 423, 517, 548, 562; action courageuse des, 570.

Outaouaise, l', barque, 508.

Outarde, l', barque, 73, 482.

Outelas, le sieur, 361, 488.

P

Pacaud, M., 150.

Palatins, les, 142, 175, 213.

Palmarolle, M. de, 101.

Parfouru, M. de, 26.

Paris, 18, 30, 47, 62, 532.

Parker, le colonel, 251, 252.

Paulmy, M. le marquis de, 222.

Paumeroy, M. de, 187.

Péan, M., 64, 150, 219, 308, 353; part pour France, 431, 439; Madame, 513, 514, 532, 542.

Pécaudy, M. de, 75, 368.

Pèlegrin, M., 24, 37, 39, 41, 49, 50, 84, 307, 525, 526, 529, 535.

Pèlerins, les, 556.

Pennahouel, chef sauvage, 257; harangue de, 259, 261.

Pensylvanie, la, 110, 122, 312, 335, 487.

Périer de Salvert, M. de, 36, 305.

Perrière, M. de la, 78.

Perthuis, M., interprète, 80, 154.

Petite-Ferme, la, 64.

Petite-Rivière, la, 56.

Pétrie, Jean, 321.

Philadelphie, 312.

Piquet, l'abbé, 119, 129, 185; négociations secrètes de, 205, 242, 333, 471, 481.

Pitt, le ministre, 459.

Pointe-aux-Barils, la, 483, 484, 495, 499, 500, 501, 508, 509, 548.

Pointe-Claire, la, 129, 200.

Pointe-aux-Fers, 180, 382.

Pointe-aux-Trembles, la, 586, 597, 608, 615, 616.

Pointe-de-Lévis, 318, 323, 493, 558, 562, 564, 565, 567, 575, 576, 578, 585, 600, 603, 604.

Pointe-Saint-Charles, la, 300.

Pomereau, le sieur, 582.

Pomone, la, frégate, 526.

Pompadour, Madame de, 20.

Pontbriand, Mgr de, 62.

Pontleroy, M. de, 176, 309, 318, 323, 377, 384, 386, 391, 409, 426, 450, 453, 481, 492, 499, 522, 524, 525, 526, 527, 530, 535, 544, 552, 567, 573, 578, 611, 614.

Pontavit, M. de, 29.

Portage, camp du, 236, 237, 361, 385, 387, 388, 390, 394, 402, 412, 434, 452, 456, 457, 479.

Port-Louis, 24.

Portneuf, M. de, 195.

Prairie, mouillage de la, 527, 529.

Présentation, le fort de la, 79, 88, 119, 129, 137, 143, 144, 175, 189, 191, 206; les sauvages de la, 210, 302, 312, 327; conseil des Iroquois à la, 333, 334, 344, 346; nouvelles de la, 348, 443, 444; Iroquois de la, 448, 451, 460, 473, 478, 480, 482, 490, 491, 495, 499. 500, 501, 505, 507, 509, 510, 546, 548, 549, 568.

Presqu'ile, le fort de la, 68, 494, 501.

Prince-de-Condé, le, vaisseau, 451.

Prince-Edouard, le, vaisseau, 494.

Prévost, M., 380, 486.

Privat, le sieur de, 277, 400.

Prudent, le, vaisseau, 40, 65.

Pouchot, M., capitaine, 87, 95, 110, 122, 129, 150, 151, 169, 193, 195; observations géographiques par, 197, 213, 244, 245, 312, 350, 499, 501, 502, 509, 517, 532, 535, 545, 567, 568, 574, 576.

Poulariés, M. de, 158, 172, 176, 399.

Poutéotamis, les, 80, 120, 131, 133, 141, 187, 192, 213, 236, 237, 487.

Puants, les, 350.

Putnam, le major, prisonnier, 432.

Q

Quatre-Frères, les, navire, 526.

Québec, 23, 24, 28, 37, 40, 41, 49, 50; école de pilotes à, 51, 52, 57, 58, 59, 61, 62, 63, 64; vaisseaux arrivés à, 69, 70, 71, 83, 84; drapeaux déposés à, 108, 112, 113, 118, 120; pénurie à, 121, 128, 130, 131, 142, 145, 163, 166, 168, 182, 187, 190; courrier de, 197, 199, 200, 201, 202, 207, 211, 215, 216, 217, 222, 225, 243, 305, 306, 307, 308, 313, 318, 323, 325, 334, 342, 343, 346, 347, 349, 352, 353, 354, 355, 356, 358, 362, 373, 388, 418, 424, 438, 439, 440, 441, 444, 446, 451, 463, 465; craintes à, 467; nouvelles de, 468, 473, 478, 481, 483, 484, 488, 491; misère augmente à, 492, 494, 495, 496, 498, 499, 511, 512, 513, 515, 516, 517, 519, 522, 523, 524, 528, 532, 537, 543, 545, 548, 549, 552, 556, 560, 561, 566, 567, 571; bombardement de, 572, 573, 575, 577, 579, 580, 581, 589, 592, 594, 595, 598, 600, 601, 602, 604, 605, 606, 609, 610, 611; l'ennemi sur les hauteurs de, 614, 616.

Querdisien, le sieur de, 540, 557.

R

Rameau, le, vaisseau, 305.

Rapides, les, 572, 575; menacés, 576, 587, 589, 596, 607.

Ramezay, M. de, 64, 233, 551, 552, 553, 616.

Raymond, M. de, 176, 365, 387, 422.

Raystown, le fort, 482, 487.

Régis, le fort, 206.

Reine, le régiment de la, 25, 66, 72, 83; misères endurées par, 120, 223, 235, 271, 274, 277, 281, 289, 299, 302, 308, 347, 369, 385, 397, 399, 400, 477, 478, 480, 512.

Reine-des-Anges, la, vaisseau, 62.

Rennes, 21, 22.

Renommée, la, vaisseau, 65.

Repentigny, le chevalier de, 134; brigade de, 279, 452, 496, 501, 513, 538, 542, 547, 565, 567, 571, 588, 590, 591.

Résy, le chevalier de, 394.

Rhinocéros, le, vaisseau, 366, 368.

Richelieu, le, 551, 557, 586.

Richemond, le, frégate, 546.

Richerville, M. de, 91, 334, 340, 511, 531, 536.

Rigaud de Vaudreuil, M. de, 59, 86, 89, 90, 91, 92, 93, 94, 98, 151, 153, 155, 158, 159, 164, 171, 172, 174, 175, 176; succès de, 181, 198, 224, 227, 229, 232, 235, 237, 240, 324, 364, 405, 412, 432, 436, 442, 470, 490, 542, 583.

Rigaudière, M. le chevalier de la, 23; éloge du, 29, 32, 37, 40, 41, 47,

Rimouski, 51.

Riverain, le P., jésuite, 596.

Robert, M. de, ingénieur, 523.

Robuste, le, vaisseau, 315.

Rochebeaucour, M. de la, 22, 24, 25, 78, 534, 556, 594, 616.

Rocheblave, M. de, 150, 201, 484.

Rochefort, 31, 32, 62.

Rocher-Fendu, le, 233.

Rogers, Robert, capitaine, 147, 183, 339, 349; 356, 362, 390, 432.

Roland, meunier, 371.

Roquemaure, M. de, 25, 146.

Roubaud, le P., 242.

Rouillé, le fort, 68.

Rouilly, M. de, 147.

Royal-Américain, le régiment de, 203, 273; déposition d'un déserteur du, 454, 455, 497, 595.
Royal-Roussillon, le régiment de, 23, 66; maladie dans, 70, 72, 73, 83, 120, 177, 178, 179, 191, 199, 235, 271, 274, 277, 281, 290, 298, 299, 308, 385, 397, 399, 400, 401, 479, 559, 566, 571, 576, 612.

S

Sables, la rivière aux, 92.
Sablé, M. du, 76.
Sabrevoix, M. de, 83, 366, 441, 442.
Saguenay, la rivière, 53.
Saint-Antoine, le saut, 217.
Saint-Antoine, 588, 589.
Saint-Augustin, 537, 600.
Saint-Clair Duverger, le sieur de, 201.
Saint-Charles, la rivière, 307, 523, 527, 529, 531, 541, 543, 552, 561, 563, 566, 567.
Saint-Dominique, le, senau, 451.
Saint-Dominique, 316, 531.
Sainte-Foye, 573; l'ennemi à, 611, 615.
Saint-François, 153, 596, 597.
Saint-Frédéric, le fort, 74, 79, 83, 148, 161, 170, 171, 172, 179, 181, 183, 227, 233, 234, 328, 339, 351, 383, 384, 386, 389, 411, 433, 438, 456, 464, 466, 470, 473, 478, 490, 569, 593.
Saint-Frédéric, la rivière, 395, 397.
Saint-Gabriel, 363.
Saint-Jean, le fort, 84, 130, 153, 155, 156, 157, 158, 161, 162, 164, 166, 171, 175, 191, 200, 202, 209, 218, 219, 223, 299, 308, 320, 363, 382, 390, 411, 431, 444, 450, 505, 515.
Saint-Jean, la rivière, 162, 244, 337, 448, 480, 498, 540.
Saint-Joachim, 538, 539, 546, 547, 571, 600.
Saint-Joseph, la rivière, 487, 501, 517, 518.
Saint-Julhien, M. de, 25, 310.
Saint-Laurent, le fleuve, 24, 51, 54, 169, 444, 463, 506, 521, 550.
Saint-Laurent, M. de, 198.
Saint-Laurent, le golfe, 37, 48.
Saint-Louis, le saut, 123, 124, 125, 142, 145, 153, 227, 228, 327; sauvages du, 334, 339, 342, 429, 466.
Saint-Luc, M. de, 87, 221, 242, 243, 299; arrive avec des sauvages, 412, 414, 420, 445.
Saint-Martin, M. de, 75, 76, 80, 81, 176, 231, 236, 586.
Saint-Mathieu, 32.

Saint-Ours, M. de, 176, 220; tué, 228, 229, 237, 279, 290, 387, 422, 482.
Saint-Régis, le village de, 190.
Saint-Roch, 527.
Saint-Rome, M. de, 469, 471.
Saint-Sacrement, le lac, 72, 73, 74, 77, 78, 131, 146, 167, 176, 203, 209, 214, 217, 233, 234, 235, 236, 237, 246, 253, 274, 373, 381, 382, 384, 385, 393, 407, 409, 410, 434, 435, 437, 438, 440, 441, 443, 452, 459, 469, 476, 495, 521, 528, 533.
Saint-Sauveur, M. de, 496, 513, 542.
Saint-Sulpice, 228.
Sainte-Thérèse, 209, 219, 299.
Saint-Simon, M. de, 76.
Saint-Victor, le, bateau, 87.
Saint-Vincent, M. de, 314.
Sakis, les, 350.
Sanspitié, le sergent, 73.
Sarasto, 71, 334.
Sarégoa, chef du Saut Saint-Louis, 206, 420.
Sarre, le régiment de la, 23, 61 66, 70, 71, 72, 77, 83, 86, 88, 90, 100, 129, 177, 178, 179, 200, 202, 223, 235, 271, 274, 277, 290, 308, 385, 391, 396, 399, 400, 477, 479, 560, 566, 571.
Sacquespéc, M. de, 344.
Saunders, l'amiral, 546, 565.
Saussayé, M. de la, 228.
Sauteux, les, 230, 237, 300.
Sauvage, la, barque, 24, 29, 32, 65, 69, 316.
Saut-Montmorency, le, 60, 307, 551; ennemi près du, 570, 571, 572, 573, 576, 577, 578, 579, 580, 584, 585, 587, 588, 591, 593, 594, 598, 599, 600, 601, 602, 603.
Savournin, M. de, 176, 177, 527, 535.
Schésime, la, barque, 524.
Schurley, le général, 68.
Schuyler, M., 252, 318, 413, 414.
Séchelles, M. de, 20.
Sept-Iles, les, 57, 546.
Sérieuse, la, goélette, 485, 511.
Sermonville, M. de, 304, 314.
Senezergues, M. de, 23, 99, 365, 400.
Sillery, 551, 597, 603, 604.
Sirène, la, vaisseau, 24, 29, 32, 65, 112, 369.
Soleil-Royal, le, vaisseau, 31.
Sorel, 346.
Stobo Robert, 85; évasion de, 197; repris, 198, 512, 580.
Sunderland (lisez *Sutherland*), la, frégate, 546.

T

Tableaux, des soldats tués et blessés à Carillon, 149, 159, 160; des sauvages qui se trouvent à l'armée du marquis de Montcalm, 264, 265, 266; de l'armée en Canada, 267, 268, 269, 270, 365; des forces de l'armée angloise, 392, 435, 472, 554, 555, 585.

Tadoussac, 53.

Tarsac, M. de, 77.

Terre-Neuve, 24, 362.

Têtes-de-Boules, les, 368, 369.

Têtes-Plates, les, 131, 138, 168, 518, 546.

Toison-d'Or, la, navire, 526; accident à, 537, 541.

Tonnancour, M. l'abbé de, 109.

Tonnant, le, navire, 310.

Toronto, le fort de, 68, 213.

Toulouse, 185.

Tourville, M. le chevalier de, 24, 36.

Traverse, la, 523, 526, 538, 539, 542, 544, 545, 557.

Trécesson, M. de, 391; se distingue, 401.

Trépezec, M. de, 26, 390; tué, 393.

Trivio, M. de, 314.

Trois-Rivières, 65, 83; drapeaux déposés aux, 108, 121, 128, 166, 210, 411, 478, 524, 525, 526, 530, 533, 536, 548, 550, 571, 573, 615.

Trou-Saint-Patrice, le, 547.

Tsonnonthouans, les, 123, 124, 128, 138, 151, 170, 193, 214, 245, 335, 358, 517.

Tuscarorins, les, 124, 128, 144, 206.

V

Valinière, M. l'abbé de, 349.

Valtrie, M. de la, 207.

Van Braam, Jacob, 85; évasion de, 197; repris, 198.

Varennes, 121.

Varin, M., 84, 150, 162.

Vassan, M. de, 84; brigade de, 279, 370, 460, 501, 516.

Vaudreuil, M. le marquis de, gouverneur général du Canada, 20, 60, 62, 64, 65, 66, 84, 88, 90, 91, 99, 109, 113, 123; en conseil avec les sauvages, 125, 126, 130, 131, 132, 133, 136, 137, 140, 141, 142, 143; audience secrète des sauvages avec, 144; complaisance outrée de, 145, 146; prières publiques pour, 147, 151, 153; Madame, 154, 155, 159, 161, 164, 165, 167, 173, 174, 175, 185, 188, 189, 197, 200, 201, 204,

205, 206, 210, 213, 218, 220, 221, 222, 224, 227, 255, 261, 293, 299; ordonne de donner du cheval, 308, 313; préside une cour martiale, 314, 315, 319, 325, 327, 330, 331, 333, 334, 335, 336, 337, 338, 339, 341, 342, 344, 351, 352, 353, 357, 362, 364, 370, 371, 372, 373, 378, 381, 382, 383, 384, 386, 388, 406, 407, 410, 413, 415, 418, 419, 421, 427, 428, 429, 430, 431, 433, 436, 440, 443, 450, 451, 453; dépêches au, 458, 464, 467, 470, 476, 477, 478, 480, 481, 483, 486, 489, 490, 491, 495, 496, 498, 500, 501, 502, 503, 505, 507, 508, 509, 510, 511, 519, 521, 523; critiqué, 524, 525, 529, 532, 534, 536, 538, 541, 542, 544, 545, 546, 547, 548, 549, 550, 551; perplexités de, 552, 557, 558, 562, 564; réponse de, 565, 566, 570, 571, 572, 574, 575, 582, 583, 586, 592, 593, 595, 597, 598, 608, 614, 615.

Vaudrey, M. le chevalier de, 174.

Vauquelin, M., 540.

Vergor, le sieur de, 314; acquitté, 315, 327; à l'Anse-au-Foulon, 611.

Versailles, 18.

Victoire, la, vaisseau, 482.

Villejoin, M. de, 313, 509, 510.

Villeray, M. de, 314, 315, 337.

Villiers, M. de, capitaine, 66, 85, 86, 87, 95; prend le fort La Grandville, 111, 136, 218, 237, 250; volontaires de, 279, 288; mort de, 316, 366.

Virginie, la, 110, 151, 169; anabaptistes de la, 301, 312, 335, 518.

Virot, le P., 369.

Vitré, le sieur de, 547.

W

Washington, le colonel, 119, 203.

Webb, le général, 225, 242, 282, 284, 286, 302, 373.

Windioletie, Louis, 254.

Wolfe, le général, 487, 534, 564, 576, 578, 580, 581, 582, 583, 584, 586, 588, 589, 593, 595, 596, 597, 598, 601.

Wolff, officier, 178, 274, 320, 338, 342, 372, 433; envoyé au camp anglois, 440, 441, 442, 476.

Y

Young, lieutenant-colonel, 291.

Z

Zélindor, le, vaisseau, 362.

TABLE ANALYTIQUE

DES

LETTRES DE VAUDREUIL

Abénakis, les, 65, 89, 91, 113, 116, 119, 184.

Acadie, l', 42, 155, 162, 163.

Albany, 13.

Albergatti, M. d', 40.

Agniers, le chemin des, 26.

Amherst, le général, 76, 79, 86, 89, 90, 93, 95, 109, 111, 112; apprend la prise de Québec, 113; mouvements du, 125; efforts du, 131; échange des prisonniers par, 132, 133, 135, 136, 137, 139, 140, 148, 150, 151, 152, 153, 168, 184, 204.

Ange-Gardien, l', 70; le cure de, 71.

Angleterre, 131, 188, 197, 199.

Anglois, les, 15, 22, 25, 30, 32, 38, 44, 47, 52, 53, 57, 58, 59, 60, 69, 73, 74, 75, 78, 80, 82, 88, 91, 94, 95, 97; brûlent leurs retranchements à Montmorency, 98, 108, 112, 113, 116, 123, 130, 131, 135, 138, 139, 142, 143, 144, 147, 150, 153, 154, 155; échangés, 156, 160, 168, 171, 177, 182, 184, 186, 188, 194, 197, 199, 203

Anse-des-Mères, l', 68.

Anse-du-Foulon, l', 106.

Anville, M. d', 115.

Arnoux, M., chirurgien-major, 24.

Assomption, le village de l', 157.

B

Baie-Saint-Paul, la, maisons ravagées à, 84.

Bailleul, M. de, 25, 188.

Barbot, le sieur, 166.

Batiscan, 129, 139.

Béarn, le bataillon de, 37, 38, 66; déserteur du, 77.

Beaujeu, M. de, 18, 21.

Beauport, le village de, 64, 67, 104.

Bellecombe, M. de, 132, 134.

Belle-Rivière, la, 52, 59.

Bellestre, M. de, 47, 60, 109.

Bernier, M., 119, 120, 121, 124, 125, 130, 133, 148, 153.

Bernetz, M. le chevalier de, 67.

Berthier, le village de, 157.

Berry, le bataillon de, 79, 154, 156.

Bic, le, 162, 177, 178.

Bigot, l'intendant, 8, 12, 18, 19, 24, 25, 73; plaintes du manque de
    vivres à, 81, 82, 85, 99, 117, 155, 165, 172, 174, 175, 180, 183, 185,
    188, 190, 191, 196, 198, 201, 202, 203.

Biville, M. de, 37.

Bleury, M. de, 15, 17, 20, 39, 40.

Blin, le sieur, 161.

Boishébert, M. de, 73, 76.

Bonneveu, le sieur, 196.

Boquet, la rivière, 15.

Boucherville, M. de, 69, 71.

Boucherville, la paroisse de, 146.

Bougainville, M. de, 65, 66, 107, 114, 124, 125, 137, 140, 153, 157, 168,
    173, 177, 178, 183, 184, 185, 191, 194, 198, 204, 208.

Bourlamaque, M. de, 28, 29; à l'Ile-aux-Noix, 77, 79, 80, 83, 85, 87, 91,
    92, 93, 104, 112, 113, 116, 119, 120, 125, 126, 128, 129, 131, 133, 134,
    136, 138, 140, 141, 142, 143, 144, 145, 146, 151, 153, 154, 160, 166,
    172, 181, 206, 207, 208, 209.

Braux, M. de, 125.

C

Cadet, M., 190, 202.

Canada, 86, 109.

Canadiens, les, 16, 19, 28, 29, 49, 51, 52, 59, 62, 63, 66, 71, 73, 81, 111,
    113, 131, 133, 149, 153, 172, 202.

Canardière, la, 66, 82.

Canon, le capitaine, 89, 171.

Cap-Diamant, le, 170.

Cap-Rouge, le, 104, vaisseau anglois au, 105, 107, 164, 198.

Carillon, le fort de, 9, 10, 11, 12, 22, 25, 26, 30, 32, 33, 34, 37, 38, 40, 41,
    49, 57, 59, 60, 62, 90, 168, 199, 203.

Cèdres, les, 88.

Challemaison, M., 33, 39.

Chambly, le village de, 157, 161, 197.

Champlain, le lac, 20, 98 ; bâtiments attaqués dans, 128, 169, 188, 200.

Charest, M., 162.

Charlesbourg, 155.

Charly, M. de, 63, 146.

Châteauguay, le fort de, 114, 131.

Chazy, la rivière, 131.

Chicot, la rivière au, 40.

Chouaguen, le fort de, 16, 19, 22 ; détails sur l'expédition du, 27, 30, 31, 32, 33, 34, 37, 38, 57, 59, 79, 96, 98, 109, 139, 143, 151, 160, 199, 203, 204.

Cinq-Nations, les sauvages des, 21, 23, 52, 83, 143.

Colombière, M. de la, 15, 18 ; réprimandé, 87.

Combles, voyez Des Combles.

Contrecœur, M. de, 13, 26, 36, 40.

Contrecœur, le village de, bataillon au, 146.

Corlar, 47.

Corne, voyez La Corne.

Courtemanche, M. de, 63.

Cugnet, le sieur, 169 ; procès du, 180.

Cumberland, le fort, 60.

D

Dalquier, M. (lisez d'Alquier), 152.

Delaunay, M., 152.

Denel, le sieur, 129.

Desandrouins, M., 114, 160, 193.

Deschambault, le village de, 106, 205.

Des Combles, M., 29.

Des Ligneris, M., 60.

Détroit, les sauvages du, 60.

Deux-Rochers, les, 37.

Doreil, M., 8, 9.

Douglas, M., 122, 134.

Dufils-Charest, M., 174.

Dumas, M., 67, 68, 129, 133, 138, 144, 145, 147, 148, 151, 153, 154, 155, 157, 158, 202, 205.

Duplessis, M., 15, 20, 46, 47, 117, 122.

Dussault, le sieur, 132, 134.

E

Ecosse, les montagnards d', 35.
En-Haut, les pays d', 100, 103, 109, 206, 208.
Espagne, 199.
Europe, 182, 186, 197, 199, 203.

F

Figuiéry, M. de, 125.
Florimond, M. de, 36, 39, 63, 71.
Fournerie, M. de, 159.
France, 23, 26, 41, 42, 44, 45; nouvelles de, 47, 48, 179; attente de
    secours de, 193.
François, les, 70, 97, 168, 180.
Frontenac, le fort de, 30, 57, 59.

G

Gannes, le chevalier de, 20.
Gaspé, 161, 179.
Gaspé, M. de, 27.
Georges, le fort, 15, 17, 18, 19, 32; découverte faite au, 36, 37, 44, 50,
    54, 60.
Godefroy, M., 161.
Gorgendière, M. de la, 172, 194.
Gounon, le P., 158.
Grande-Ile, la, 142.
Grande-Rivière, M. de la, 134, 179, 203.
Guyenne, le bataillon de, 147, 149.

H

Halifax, 42, 185, 197, 199.
Hôpital-Général, l', 190, 192, 196, 202.
Hurons, les, 155.

I

Ile-aux-Noix, l', 62, 77, 79, 85, 90, 92 ; déserteurs arrivés à, 93, 95, 99,
    104, 105, 106, 109, 112, 113, 115, 121, 122, 123, 126, 128, 129, 130. 131,
    134, 136, 138, 139, 141, 143, 145, 147, 149, 153, 154, 156, 173, 194,
    202, 206, 208.

Ile-aux-Têtes, 25.
Ile-d'Orléans, 63, 98, 177.
Ile-aux-Galops, 95, 110, 143, 150.
Ile-du-Pas, 207.
Iroquois, les, 131 ; arrivée du petit Iroquois, 145, 163.

J

Jacques-Cartier, le poste de, 108, 110 ; réduction du, 127, 130, 133, 136,
137, 138, 139, 140, 144, 146, 147, 149, 151, 153, 154, 155, 165.
Johnstone, M., 118, 143.

K

Kamouraska, 162.
Kisensik, chef sauvage, 163, 164.

L

Lachine, 14, 87, 170, 186.
La Corne, M. le chevalier de, 14, 84, 85 ; lettre au, 96, 102, 103, 108,
109, 114, 119, 132, 143, 209, 210.
Langlade M. de, 69, 76, 208.
Languedoc, le bataillon de, 66, 78, 147, 149, 155, 165.
Langy, M. de, 175, 178, 183, 184, 197, 199.
Laprairie, 30 ; camp établi à, 131, 133 ; bataillon à, 146, 147, 210.
Laubaras, M. de, 125, 141.
Legris, le sieur, 162, 177.
Lemaître, M., 122, 134.
Le Mercier, M., 84, 129, 155, 189.
Léry, M. de, 30.
Le Verrier, M., 27, 33, 38.
Lévis, le fort de, sur l'île Oracointon, 102, 114, 149, 170, 202.
Lévis, M. le chevalier de, 7, 9; ordre au, 11; lettre au, 58, 96; maré-
chal des camps, 111.
Ligneris, voyez Des Ligneris.
Londres, 184.
Longue-Pointe, la, 210.
Longueuil, le village de, bataillon à, 146.
Longueuil, M. de, 8, 52, 83, 113, 119, 126, 130, 158, 163, 165, 174, 194,
196, 200.

Lorimier, M. de, 47.

Lotbinière, M. de, 19; tracasseries à, 26, 33, 114, 121.

Loudon, le général, 30.

Louisbourg, 42, 47, 51, 52, 54, 184, 185, 197, 199, 203.

Loups, les, 89.

Loutre, la rivière à la, 15.

Lusignan, M. de, 20, 23, 111, 154.

Lydius, le fort, 18, 19, 32, 37, 44, 50, 52, 61.

M

Machault, la, frégate, 129.

Malartic, M. de, 150, 196, 208.

Malo, Louis, 129.

Marin, M., 54.

Martel, M., 82, 85, 103.

Maska, le village de, 91, 116.

Michaud, M., 68.

Michillimakinac, 25.

Missiscoui, la baie de, 91, 113, 128, 133, 142, 154.

Mississagués, les, 199.

Monckton, le général, 119, 124, 125, 132.

Monin, M., 74.

Montbeillard, M. de, 115.

Montcalm, M. le marquis de, 7, 9; ordre à, 10, 11, 12, 13, 14, 20, 21;
     expédition de, 22, 23, 28, 29, 30, 34, 35, 38, 39, 40, 41, 42, 43, 45;
     arrangements pour rations, par, 46, 49, 50, 51, 52, 54, 55, 56, 57, 59;
     lettre à, 65, 66, 67, 72, 75, 80, 92, 93; blessé, 107, 108; mort, 110,
     111, 117, 121, 123.

Montesson, M. de, 73, 80, 174.

Montigny, M. de, 60.

Montréal, 166, 169, 173, 176, 178, 179, 181, 184, 185, 189, 192, 195, 198,
     204, 207, 209.

Montreuil, M le chevalier de, 110, 111, 123, 145, 166.

Murray, le général, 155, 173, 175, 180; imprudence du, 181, 187, 190,
     196, 202, 204, 205; menaces du, 207.

N

Népissings, les, 163.

Niagara, le fort de, 59, 60, 77, 90.

Niverville, M. de, 63.

Noyelle-Lanoë, M. de, 65, 83.

O

Ontario, le fort, 28, 29.

Ontario, le lac, 55, 57 ; abandonné par les Anglois, 60, 98,103, 143, 169, 200.

Orange, le fort, 17, 160.

Outaouais, les, 25.

P

Palmarolle, M. de, 175.

Paulmy, M. de, 43.

Pécaudy, M. de, 13.

Pénisseault, M., 103 ; passe en France, 117.

Perrière, M. de la, 17, 29.

Perrot, le sieur, 99, 106.

Perthuis, le sieur, 32.

Philisbrot, M., 26.

Piquet, l'abbé, 97, 103.

Pointe-au-Baril, la, 96.

Pointe-au-Fer, la, 133.

Pointe-de-Lévis, la, 62, 63, 68, 69, 98, 100, 105, 162.

Pointe-aux-Trembles, la,68, 82, 84, 98, 104, 108, 127, 149, 157, 166,186,199.

Pomone, la, frégate, 159, 195, 197.

Pontleroy, M. de, 121 ; blâmé, 193.

Portage, le chemin du, 20, 45 ; l'ennemi se retire du, 50.

Port-Mahon, citadelle de, 23.

Pouchot, M., 77, 160, 169, 183, 184, 188, 199, 204.

Poulariés, M. de, 146.

Présentation, la, 143.

Privat, M. de, 205.

Provençal, le sieur, 203.

Q

Québec, 7, 8, 9, 12, 26 ; disette à, 42, 45, 47, 51, 61, 62, 64, 66, 73, 76, 78 ; bombardement de, 86, 89, 94, 101, 104, 105, 108, 115, 119, 121, 122, 124, 128, 130, 131, 139, 148, 149, 150, 153, 158, 162, 167, 168, 169, 172, 177, 180 ; inquiétudes à, 182, 184, 186, 194, 195, 203.

R

Ramezay, M. de, 68, 78, 110.

Rapides, les, 80, 83, 84, 85, 90, 94, 98, 99, 102, 104, 105, 109, 114, 115, 116, 121, 122, 126, 128, 129, 137, 141, 144, 149.

Réaume, le sieur, 134.

Reine, le bataillon de la, 154, 156.

Repentigny, le poste de, 76, 96.

Repentigny, M. de, 57, 70, 74, 86.

Rigaud, M, de, 28, 47.

Rigauville, M. de, 133.

Ristigouche, 161.

Robidou, M., 161.

Rocheblave, M. de, 60.

Rogers, M., en route pour le Connecticut, 154.

Royal-Américain, le régiment de, 72.

Royal-Roussillon, le bataillon de, 7, 8, 9, 26, 146, 147, 149.

S

Sablé, M., du, 32, 35.

Sabrevoix, M. de, 33.

Sainte-Anne, 127.

Saint-Antoine, 205.

Saint-Augustin, 76, 127, 147.

Saint-Charles, la rivière, 186, 192.

Sainte-Foye, 164.

Saint-François, le village de, 116; Anglois au, 119; brûlé, 120, 142.

Saint-Frédéric, le fort de, 25, 32, 33, 34, 90, 93, 97, 109, 168, 203, 205.

Saint-Jean, le fort de, 12, 25, 30, 35, 50, 62, 90, 133, 153, 154, 156.

Saint-Luc, M. de, 53, 106, 131.

Saint-Martin, M. de, 13, 17, 73.

Saint-Nicolas, 76, 205.

Saint-Roch, incendie de, 175.

Saint-Rome, M. de, 68.

Saint-Sacrement, le lac, 15, 37, 57.

Sainte-Thérèse, 129.

Saint-Vincent, Madame de, 20.

Sarre, le bataillon de la, 7, 9, 66, 155.

Saunders, l'amiral, 122, 134.

Saut, les sauvages du, 21, 64.

Saut-Montmorency, la rivière du, 68, 73, 74, 77, 78; fusillade au, 81, 91, 94; évacuation du, 100.

Sauvage, le sieur, 159.

Senezergues, M. de, 7.
Sillery, 66, 98, 101.
Sorel, 13, 135 ; bataillon à, 146, 152, 206.
Sud, la rivière du, 142.

T

Tarsac, M. de, 37.
Trécesson, M. de, 175.
Totabel, M., 43.
Trois-Rivières, 73, 78, 83, 111, 126, 127, 132, 140, 147, 149, 158, 163, 174 ;
    hôpital des, 175, 194, 197, 200.
Tortue, le fort de la, 131, 144.

V

Varennes, bataillon à, 146, 209.
Varin, M., 17, 33.
Vaudreuil, M. le marquis de, 7, 8; ordonnance de, 9, 10, 11, 15, 17;
    ordres particuliers de, 18, 21, 24, 27, 31, 33, 35, 36, 39, 40, 41, 42,
    43, 44, 45, 47, 48, 49, 50, 51, 53, 55, 56, 57, 58, 59, 60, 61, 62, 63, 64,
    65, 66, 67, 68, 69, 70, 71, 72, 73, 74, 75, 76, 77, 78, 79, 80, 81, 82, 83,
    84, 85, 87, 88, 89, 92, 95, 96, 97, 100, 102, 105, 106, 110; note, 111,
    114, 115, 117, 118, 122, 123, 124, 125, 126, 128, 129, 130, 133, 134, 136,
    137, 138, 140, 142, 143, 145; échange des prisonniers, 148, 151, 152,
    153, 154, 155, 156, 157, 159, 160, 162, 163, 164, 165, 166, 169, 171, 173,
    176, 178, 179, 181, 184, 185, 188, 189, 191, 192, 195, 198, 201, 204, 205,
    207, 208, 209, 210.
Vaudreuil, Madame de, 14, 21, 23, 27, 38, 41, 42, 44, 45, 46, 48, 49, 51,
    53, 54, 56, 57 ; lettre de, 58, 59, 73, 86, 88, 92, 100, 104, 108, 120,
    121, 125, 150, 152, 154, 156, 157, 158, 159, 160, 162, 165, 168, 173, 176,
    178, 181, 183, 191, 194, 196, 201, 203, 205.
Vauquelin, M., 140, 152, 159, 171, 174, 177, 179, 180, 190, 195 ; éloge
    de, 198.
Verchères, 146.
Vérendrye, M. de la, 106.
Vergor, M. de, 106.
Villars, M. de, 198.
Villiers, M. de, 29.

W

Wolfe, le général, 86 ; dévastation par, 89, 90, 93, 98, 105, 109, 110.

Y

Young, le colonel, 174, 183.

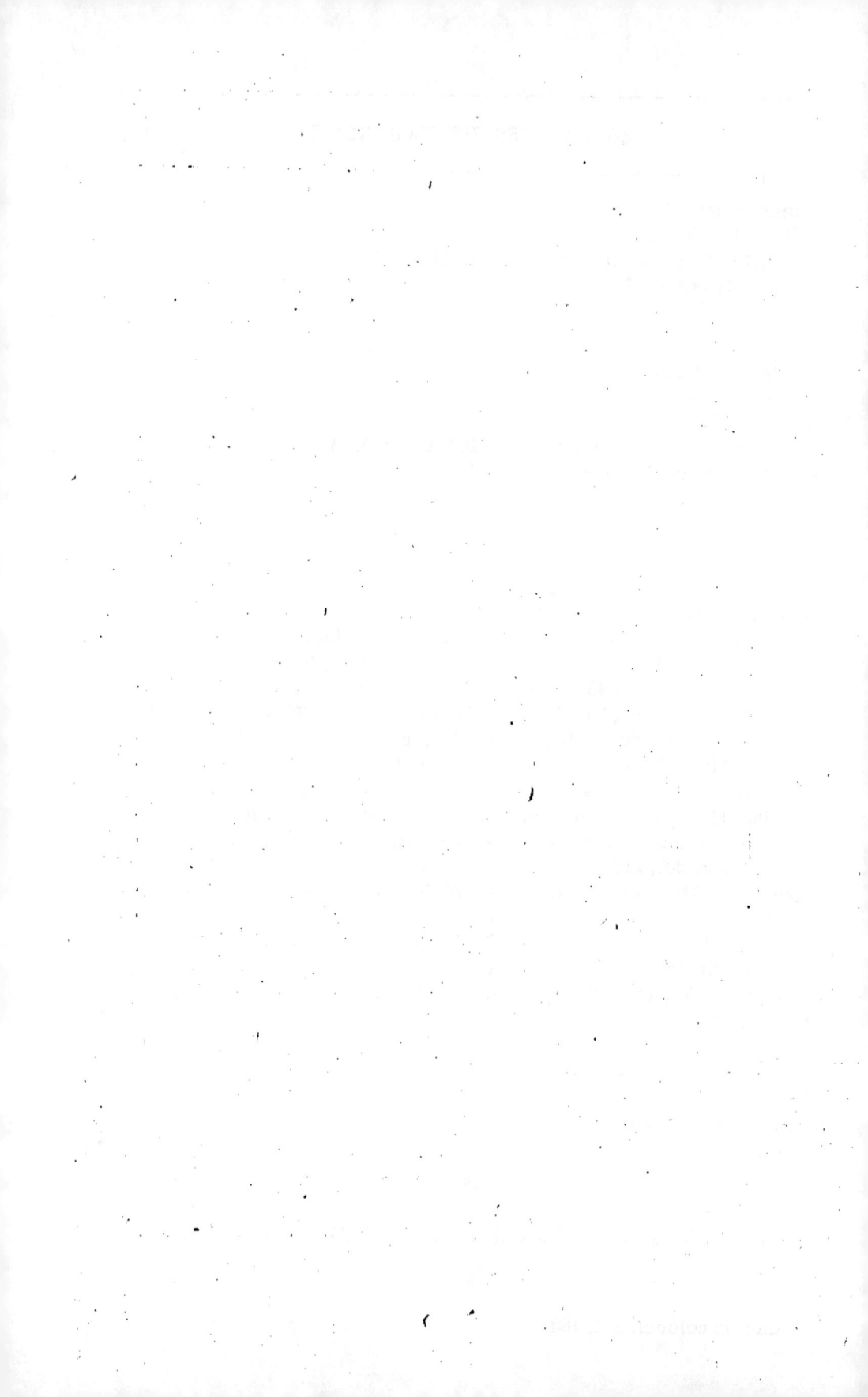

TABLE ANALYTIQUE

DES

LETTRES DE L'INTENDANT BIGOT

A

Abénakis, les, 49.
Abercromby, le général, 35, 50.
Acadie, l', 25.
Acadiens, les, 85.
Aigle, l', la flûte, 30, 32; perdue, 39.
Agniers, les, 20.
Aiguillon, M. d', 32.
Ailleboust, M. d', 29.
Almain, le sieur, 9, 21.
Amherst, le général, 47, 49, 50, 51, 54, 69 ; mouvements du, 75, 76, 77, 78 ; attend des ordres pour entrer en campagne, 96.
Angleterre, Nouvelle, la, 16.
Angleterre, Vieille, la, 16, 17, 38.
Anglois, les, 9, 14 ; déposition de prisonniers, 15, 17, 19, 20, 24, 25, 29, 32, 33, 34, 35, 37, 38, 43; leurs vaisseaux au-dessus de Québec, 52, 54; abandonnent le Saut-Montmorency, 55, 58, 61, 62, 68, 69, 70, 71, 76, 78, 89, 82, 89, 94.
Apalaches, les, 25.
Arnoux, le sieur, 18, 90.
Assomption, l', le village de, 100.
Assomption, l', barque, 84.

B

Bailleul, M. de, 12.
Batiscan, 53, 59, 69, 72, 103.
Bayonne, 28.

Béarn, le régiment de, 83.

Beaujeu, M. de, 15, 17.

Belle-Rivière, la, 16, 24, 38.

Bernier, M., 65, 67, 69, 81.

Bertenet, le sieur, 18.

Berthier, 77.

Bérey, le P. de, récollet, 61.

Bic, le, 30, 92.

Bigot, l'intendant, 7, 9, 10, 11, 12, 15, 17; se plaint d'abus, 18, 19, 21,
   22, 23, 25, 26, 27, 28, 29, 30, 31, 32, 33, 34, 35, 36, 38, 39, 40, 41, 42,
   44, 45, 46, 48, 49, 53, 54, 55, 57, 59, 60, 61, 63, 64, 65; refuse de donner
   des lettres de change, 67, 68, 69, 70, 71, 72, 73, 74, 75, 76, 78, 79,
   80, 81, 82, 83, 84; craintes de, 85, 86; félicite Lévis, 87, 88, 89, 90,
   92, 93, 94, 95, 97, 99; envoie secours aux garnisons, 100, 101,
   102, 103.

Biron, M. le duc de, 22.

Bleury, M. de, 8, 9, 10, 13, 15.

Boissier, M., 10.

Boston, 51.

Bougainville, M. de, 41, 47, 60, 65, 86, 95.

Bourlamaque, M. de, 37, 64, 73, 75, 76, 83, 96.

Braux, M. de, 69.

Brest, 32.

Briault, M., chirurgien-major, 44, 45, 90, 94.

C

Cabanac, Madame, 23.

Cadet, M., 63, 68, 70, 74, 79, 98, 102.

Caire, M. de, 64, 84.

Canada, 38, 54, 72, 81; semaine critique pour le, 94, 102.

Canadiens, les, 8, 13, 19, 38.

Canardière, le camp de la, 42, 55.

Canon, le sieur, 52, 82, 100.

Cap-de-la-Madeleine, le, 58, 75.

Cap-Rouge, le, 57, 91.

Carillon, le fort de, 8, 9; fours brûlés à, 10; eau de-vie supprimée à,
   11, 15, 17, 18, 21, 33, 37, 40, 69.

Cinq-Nations, les, 14.

Chabert, Madame, 58.

Chambly, la rivière, 9, 20, 100.

Chambly, le village de, 74, 85.

Champlain, le lac, 9, 37, 54, 79, 80.
Charlesbourg, 68.
Charly, M. de, 12.
Châteauguay, 77.
Chazy, la rivière, 77, 81.
Chouaguen, le fort de, 13, 15, 16; prise du, 19, 33, 78, 79.
Clare, milord, 22.
Colibri, le, frégate, 74.
Combles, voyez Des Combles.
Contrecœur, M. de, affliction de, 13.
Corlar, la rivière, 16.
Corne, voyez La Corne.
Cressé, le sieur, 38.
Cugnet, M., 94.

D

Daine, M., 59.
Delbreil, M., 86, 87.
Denel, M, 74.
Denis, M., 88.
Deschambault, le village de, 102.
Des Combles M., ingénieur, 13; tué, 19.
Destor, M., 67.
D.eskau, M. de, 15.
Don-Royal, le, navire, 30, 31.
Doreil, M., 12.
Drucour, M. de, 31.
Drouillon, le sieur, 18.
Dumas, M., 83, 84.
Dunkerque, 28
Duplessis, M., 38.
Duprat, M., 43; volontaires de, 45.
Dussault, M., 65.
Duvernys (lisez du Vernys), M., 85.

E

En-Haut, les armées d', 59.
Estrées, M. le comte d', fait maréchal, 22, 32
Europe, 78.

F

Fanny, la, frégate, 103.

Feltz, le sieur, 17, 62.

Figuiéry, M. de, 69.

France, 16, 25, 30; nouvelles de, 32, 38, 63, 73, 82; secours espérés de, 98; aucun espoir de secours de, 103.

François, les, 25, 61, 69, 89, 9:.

Fournerie, M. de, 85, 97.

Frontenac, le fort de, 13, 16, 34.

G

Gaspé, 29, pris par les Anglois, 39.

Georges, le fort, 13, 34, 36.

Gorgendière, M. de la, 76.

Grand-Rivière, M. de, 92.

Grandville, 29.

Grant, le major, 50.

Guyenne, le régiment de, 65, 81.

H

Halifax, 95.

Hébécourt, M. d', 83.

Hert, M. d', 10.

Hôpital-Général, l', 44, 45, 81; médecin envoyé à, 90.

I

Ile-aux-Coudres, l', 27.

Ile-aux-Galops, 13, 51, 81.

Ile-aux-Noix, 47, 50, 51, 54, 55, 56, 62, 74, 75; descente des Anglois a· 77, 78, 79, 83, 100, 102.

Ile-de-Minorque, 16.

Ile-d'Orléans, 53, 54, 55.

Ile-Royale, 31.

Ile-Saint-Jean, 38

J

Jacques-Cartier, le fort, 48, 52, 58, 59, 60 ; disette au, 71, 72, 73, 74, 75, 76, 78, 81, 82, 83; travaux retardés au, 84, 85, 100.
Johnson, M., 79.
Johnstone, M., 60.

L

Lachine, 62, 88, 96.
La Corne, M. le chevalier de, 47.
Laforce, le sieur, 8, 34.
La Galissonnière, M. de, 17.
Lajus, le sieur, 44, 45.
Langy, M. de, 12 ; prisonniers faits par, 95.
La Morandière, M. de, 80.
Landrière, M., 88, 91, 102.
Languedoc, le régiment de, 85.
Lanterne, tour de la, 29.
Laprairie, 15, 74.
La Rochelle, 30.
Laubaras, M. de, 77, 78, 79.
Lautrec, M. le comte de, 22.
Legris, M., 95.
Le Mercier, M., 57, 68, 84.
Le Normand, M., 31.
Lévis, M. le chevalier de, 22.
Lévis, le fort de, 83, 88, 100.
Loudon, M. le comte, général, 15, 16, 17.
Louisbourg, 10, 29, 31, 36, 38, 77, 89.
Longueuil, M. de, 64.
Lotbinière, M. de, 8, 21.
Loups, les, 49.
Luxembourg, M. le duc de, 22.

M

Maillebois, M. le comte de, 32.
Malartic, M. de, 76.
Manche, la, 28.
Martel, M., 41, 47, 50, 55, 56, 57.

Massiac, M. de, 31.

Maurepas, M. de, 58.

Méloises, M. des, 102.

Mélié, M., 27 ; recommandé, 36.

Miot, M. 70.

Mirepoix, M. le duc de, 21, 22 ; mort de, 26.

Monckton, le général, 65, 69, 81.

Montbray, M. de, 86.

Montcalm, M. le marquis de, 7, 10, 13, 14, 15, 16, 19, 23, 30, 33, 35, 37,
    43, 45, 53, 55; mort de, 60, 65, 66.

Montmorency, le saut de, 45, 48, 52, 53, 54, 59, 74.

Montréal, 7, 10, 11, 12, 14, 15, 18, 19, 20, 21, 23, 27, 34, 37, 46, 50, 52,
    55, 59, 60, 61, 63, 68, 69, 70, 71, 72 ; maladie à, 73, 75, 76, 78, 79 ;
    disette à, 80, 81, 82, 83, 84, 87, 89, 90, 92, 94, 95, 97, 99, 100, 101, 102.

Moras, M. de, 31.

Murray, le général, 84, 86, 89.

N

Niagara, le fort de, 14, 33, 35; inquiétude pour, 36, 37, 50.

O

Ontario, le lac, 31, 33, 34, 35, 36.

Orange, le fort, 36.

Outarde, l', flûte du roi, 30, 31.

P

Parent, M., 86.

Paulmy, M. de, exilé, 32.

Péan, Madame, 32, 38, 43, 44, 46, 48, 54; bombe dans la maison de,
    58, 63, 68, 74, 76, 78, 80, 83, 85, 88, 101, 102, 105.

Péan, M., 23, 30, 33, 35.

Pénisseault, M., 40.

Pensylvanie, la, 16.

Perthuis, interprète, 15.

Perrot, M., 77.

Pointe-aux-Trembles, la, descente des Anglois à, 47, 48, 52, 55, 58, 59.

Pointe, la, 15; expédition de la, 16.

Pointe-de-Lévis, le camp de la, 48, 62.

Pontleroy, M. de, 59, 65, 97.
Portage, le, 37.
Port-Louis, 32.
Portneuf, l'abbé de, 53.
Prétendant, le, frégate, 77.
Présentation, la, 61, 62, 79.
Prévost, M., 31.

Q

Québec, 7, 10, 13, 19, 21, 22, 23, 25, 26, 27, 28, 29, 30, 32, 36, 37, 39, 40, 41, 48, 49, 50, 57, 58, 59, 60, 62, 68, 69, 72, 77; 81, 82, 84, 88, 92, 93, 96, 97, 98, 100.
Querdisien, M., 64, 66.

R

Rapides, les, 47, 50, 51, 54, 56, 59, 61, 74, 78, 79, 80.
Réaume, le sieur, 46, 67.
Récollets, les, 93.
Reine, le régiment de la, 18, 85.
Repentigny, M. de, 45, 47.
Richelieu, le, 52, 53, 55, 57.
Rigaud, M. de, 13, 48, 54, 61; mécontent, 62, 73, 81, 96.
Rochefort, 30.
Rohan, M. le chevalier de, 32.
Roquemaure, M. de, 86; plaintes à, 104.
Royal-Roussillon, le régiment de, 81.

S

Saint François, 49, 63.
Saint-Frédéric, le fort de, 8, 10, 12, 18.
Saint-Jean, le fort de, 9, 11, 15, 45, 74, 85, 102.
Saint-Joachim, 53.
Saint-Malo, 32.
Saint-Michel, 55.
Saint-Onge, M., 74.
Saint-Rome, Madame de, 68.
Sainte-Thérèse, 20.
Saint-Sacrement, le lac, 37.
Saint-Servan, 32.
Sarre, le régiment de la, 13, 65.

Saunders, l'amiral, 69.
Saut-Saint-Louis, 16.
Savournin, M. de, 97.
Scatari, 10.
Selleri, M., 74.
Senneterre, M. le marquis de, 22.
Sillery, 53, 58.
Sorel, 77, 85.
Stobo, M., 77.
Sud, la côte du, 70, 83, 100.
Sud, la rivière du, 77.

T

Terrebonne, 73, 78, 80.
Thérèse, la, barque, 84.
Thiballier, M., 12.
Tonnancour, M. de, 65, 74, 84, 98.
Toulouse, 31.
Tour-Maubourg, M. le marquis de la, 22.
Trois-Rivières, 27, 52, 62, 64, 65, 75, 84, 91, 98, 100.

V

Vaudray, M. de, 66.
Vaudreuil, M. le marquis de, 10, 13, 14, 15, 16, 19; recommandations à,
    20, 23, 27, 28, 33, 34, 36, 37, 40, 45, 48, 60, 62, 64, 65, 67; réponse
    de, 69, 70, 71, 72, 73, 75, 76, 78, 79, 80, 81, 82, 84, 90, 94, 95, 97, 98, 102.
Vauquelin, M., 52, 57, 89.
Vienne, M. de, 42.
Villiers, M. de, 16.
Virginie, la, 16

W

Wolfe, le général, 43, 45, 49, 50, 51; cruauté du, 53, 54, 77.

Y

Young, le colonel, 93.

TABLE ANALYTIQUE

DES

LETTRES DE DIVERS PARTICULIERS

A

Abénakis, les, 46, 140, 143.

Abénakise, l', vaisseau, 80.

Abercromby, le général, 104.

Abraham, la côte, d', 116.

Acadie, l', 75.

Acadiens, les, 87.

Affry, M. le comte d', 224.

Amherst, le général, 13, 22, 23, 46, 47, 48, 123, 126, 167, 168, 224, 225, 226, 230.

Angleterre, 12; officiers passent en, 13, 23, 39, 71, 80, 88, 211, 212, 218, 225.

Angleterre, Nouvelle, 87, 120.

Anglois, les, 8, 18, 19, 33, 46, 51, 56, 61, 64, 68, 75, 86, 97, 98, 100, 102, 106, 120, 123, 141, 167, 201, 203.

Anse-au-Foulon, l', 115.

Anse-des-Mères, l', 116.

Anonouarogon, chef sauvage, 191.

Arnoux, M., chirurgien, 24, 109, 220, 225,

Artigues, M. d', 13.

Aubrespy, M. d', 35,

B

Bailleul, M. de, 61, 63, 65.

Baraute, M. de, 219.

Batiscan, la rivière, 169.

Béarn, le régiment de, 38, 67, 227.

Beauclair, M. de, capitaine au régiment de la Sarre, 44, 49, 50, 51, 86, 98, 105, 177, 178, 179, 181, 183, 185, 186, 199, 206, 208.

Beaujeu, Madame de, 33.

Beauport, 15, 21, 31.

Beaussier, M. de, 55.

Beauvau, M. le prince de, 92, 93, 239.

Belcour, M. de, 132, 134.

Bellecombe, M. de, 13, 15, 23, 211, 212, 213, 218, 223, 225.

Belle-Isle, M. le maréchal duc de, 11, 223, 238.

Belle-Rivière, la, 75, 100, 121, 202.

Bellestre, M. de, 75.

Bernetz, M. de, commandant du régiment de Royal-Roussillon, 35, 111, 113, 114.

Bernier, M., commissaire des guerres, 7, 9; fait rapport au sujet des prisonniers de guerre, 10, 12, 13; rapport de, 16, 17, 18, 21, 22, 25, 29, 32, 34, 35; mémoire par, 38, 40.

Berry, le régiment de, 79, 127, 152, 156.

Berthier, 173, 174, 175.

Bic, le, 59.

Bigot, l'intendant, 12, 13, 16, 18, 27, 35, 37 ; *note*, 53, 54, 65, 66, 67, 79, 85, 87, 93, 94, 95, 96, 97, 105, 217, 223.

Bleury, M. de, 56, 62, 63, 67, 68, 70, 71.

Blondeau, le sieur, 46.

Boileau, M., 36, 128, 154.

Boisset, M., 32.

Boisvert, M., 96.

Bonneau, M., 86.

Boston, 81, 87, 211.

Boucherville, M. de, 13.

Bougainville M. de, premier aide de camp de Montcalm, 9, 10, 13, 16; lettre à, 22, 25, 29, 32, 116, 126, 127, 128, 129; proposition de, 130; *note*, 137, 138, 139, 140, 141, 142, 144, 145, 147, 148, 152, 153, 154, 159, 160, 161, 162, 235.

Bourlamaque, M. de, 44, 46, 64, 124, 134, 142, 152, 163, 173, 174, 220, 230, 231.

Braux, M. de, 31, 34; demande sa liberté, 38, 39, 41, 123.
Brest, 61, 73.
Brochet, la rivière au, 128.
Bull, le fort, 102, 104, 121.

C

Cadet, M., 134, 135, 152, 155, 159, 162.
Campault, M., 201.
Campbell, M., 213.
Canada, 71, 97, 154, 158, 218, 225, 226, 231, 235.
Canadiens, les, 14, 27, 30, 60, 84, 85, 128, 143, 144, 146, 162, 165, 190, 226.
Canon, le sieur, 100, 218.
Cap-de-Raye, le, 73.
Cap-Rouge, le, 116.
Carpentier, M., 203.
Carillon, le fort de, 54, 67, 70, 73, 85, 86, 92, 101, 102, 104, 120.
Cassel, 237.
Castries, M. le marquis de, 237, 238.
Céloron, M. de, 187, 199, 207.
Chabert, Madame, 105.
Chabert, M., 121.
Chambly, le fort de, 54, 84, 85, 123, 125; les blessés au, 127, 129, 140, 151, 152, 153, 155, 156, 158, 159.
Chambly, la rivière, 154.
Champlain, la rivière, 169.
Champlain, le lac, 109.
Charlesbourg, 15, 31.
Charly, M. de, 57, 94.
Chazy, la rivière, 141, 143.
Choiseul, M. le duc de, 239.
Chouaguen, le fort de, 48, 50, 51, 57, 59, 60, 62, 63; prise du, 64, 66, 68, 69, 97, 102, 119, 181, 187, 202, 203, 205, 207, 208, 209.
Chourses, M. de, 132.
Chrétian, le sieur, 82.
Cinq Nations, les, 100, 178, 186, 202, 209, 210.
Colle, rivière à la, 128.
Colombière, M. de la, 55, 57, 62.
Combles, voyez Des Combles.
Conti, M. le prince de, 224, 235.
Contrecœur, M. de, 58, 188, 203.
Corbière, M. de, 201, 202.
Corne, voyez La Corne.
Cornier, M., 8; mort, 11, 38.

Couterot, M. de, 43, 44.
Crèvecœur, M. de, 11, 23, 24, 37.
Cumberland, M. le duc de, 233.

D

Daine, M., 32.
Dalquier (lisez d'Alquier), M. d', 220, 221, 222, 228, 229, 230.
Defosse, M. Basile, 94.
Desandrouins, M., ingénieur, 50, 51, 105, 109, 184, 185, 189, 190, 192
    193; *note*, 195; lettre de, 198, 199, 207, 208, 219.
Deschambault, M., 23.
Deschambault, la paroisse de, 107, 167, 168, 170, 172.
Des Combles, M., 64.
Des Ligneris, M., 120, 121, 122.
Desnoyers, M., 205.
Despinassy (lisez d'Espinassy), M., 105, 109, 188, 204.
Desroberts, M., 25.
Doreil, M., 93.
Dorseval, M., 36.
Douville, Madame, 201, 202.
Douville, M., 202.
Drouillon, M., 60, 188.
Dubois de La Mothe, M., 73, 206.
Dubuisson, M., 127.
Dumas, M., 167, 168, 170, 171, 172, 173, 174, 175.
Duparquet, M., 229.
Duplessis, M., 102.
Dupont, M., 8, 38.
Duprat, M., 116.
Duquesne, le fort, 78.
Dusseldorf, 238.

E

Ecartshausen, 237.
Ecosse, 231.
Ecossois, régiment d', 231.
Erfurt, 233.
Espagne, 70.
Espagnols, les, 37, 70.
Estrées, M. le maréchal d', 233.
Europe, 24, 73, 83, 87, 139, 168, 212, 228,

F

Feltz, M., chirurgien, 92.

Filoid, M., 124.

Fontbonne, M. de, 96.

Fontbrune, M. de, 55, 62, 63, 65, 66, 72, 74, 77, 78.

France, 8, 27, 36, 53, 59; aucun secours de, 75, 78, 80, 92, 93, 97, 120;
vaine attente de secours de, 139, 140, 192, 193, 218.

François, les, 24, 122, 185, 191, 193, 203.

Fraser, le colonel, 213.

Frontenac, le fort, 56, 60, 63, 64, 65, 71, 95, 97, 100, 102, 197, 201, 202.

Fouillac, M. de, 173.

Fouquet, M., 38.

G

Galette, le camp de la, 186, 187, 203.

Gauthier, Madame, 17.

Germain, M., 170.

Georges, le fort, 60, 73, 75.

Gibraltar, le sieur, 83.

Gibraltar, 70.

Gonneville, le sieur, 142.

Gourdon, le P., 197.

Grave, M. de, 17.

Guyenne, le régiment de, 38, 133, 134.

H

Halifax, 33, 73, 80.

Hanovre, 11.

Hébécourt, M. d', 165.

Herbin, M. d', 23.

Hert, M. d', 69, 74, 94.

Hollande, la, 70.

Hongrie, la reine de, 41.

Hôpital-Général, l', 7, 13, rapports concernant, 16, 17, 28; officiers
morts à, 38, 167, 168, 170, 211, 215; François restés à, 216, 221, 226,
228, 230, 231.

Hotchig, chef sauvage, 126; exploits de, 128.

I

Ile-Catherine, 179, 182, 183, 188, 194, 197.

Ile-à-la-Cuisse, 179, 182, 183.

Ile-aux-Chevreuils, 51.

Ile-aux-Galops. 48, 49, 50, 51, 107, 183, 196, 199, 201, 205, 206, 208, 210, 225.

Ile-Lamothe, 143.

Ile-aux-Noix, 24, 45, 47, 52, 108, 125, 126, 128, 129, 131, 137, 138, 139, 140, 142, 144, 145; état des troupes à l', 147, 148, 151, 152, 153, 155, 157, 158, 162, 164, 207, 225.

Ile-Oracointon, 48, 51, 105, 178, 179, 180; mémoire sur la défense de l', 181, 182, 183, 184, 207.

Ile-Royale, 54, 63, 73, 80, 81, 85, 87, 88, 98, 99.

Iroquois, les, 121.

J

Jacques-Cartier, le fort, 115, 170, 172, 221.

Jacques-Cartier, la rivière, 168.

Joannès, M. de, 112; éloge de, 114.

Johnson, M., 119, 186, 187, 191, 208, 209, 210.

Joncaire, M. de, 121.

K

Kamouraska, 79.

Kennedy, M., 19.

L

Laas, M. de, capitaine au régiment de la Reine, 132, 163, 164.

Laborde, M., 199.

La Broquerie, M. de, 50, 51, 205.

La Bruyère, M. de, 3.

Lac, le, 62, 101, 191, 202, 209.

La Chevrotière, M. de, 23.

Lachine, 44, 47, 193.

La Corne, M. le chevalier de, 49, 50 ; détails sur les agissements des Anglois par, 51, 58, 178, 179, 181, 184, 185, 188, 189, 192, 193, 197, 199 ; note, 201, 204, 207.

La Ferté, M. de, 13, 15.

La Force, le sieur, 50.

La Galissonnière, M. de, 61.

Lagoiessata, chef sauvage, 210.

Landriève, M., 170.

Langlois, M., 15.

Languedoc, le régiment de, 15, 38, 169, 174.

Langy, M. de, 50, 51, 57, 128, 132, 135, 143, 178, 209.

Lanoraie, 175.

Lapause, M. de, aide-major au régiment de Guyenne, 109, 129, 130, 142, 151, 153, 156, 157, 159, 161, 230.

Laprairie, 63, 66, 67, 94, 125, 131, 132, 133, 134, 135, 155, 156, 159, 160, 161.

La Roche, M. de, 78, 86.

Launay, M. de, 162.

Lavaltrie, 175.

Legras, le sieur, 202.

Le Mercier, M. le chevalier, 66, 75, 83, 87, 92, 96, 99, 100, 101, 102, 103, 105 ; craint pour son artillerie, 106, 108, 109, 140.

Le Mercier, Madame, 100, 101.

Lenoir, M., 8.

Léry, M. de, 23.

Lesage, le sieur, 149.

Lesley, le régiment de, 24.

Lévis, M. le chevalier de, 7, 20, 21, 23, 24, 25, 28, 30, 84, 177, 191, 195, 201, 211, 215, 221, 226, 231, 233, 237, 239.

Lévis, le fort, 105, 109, 126, 186, 192, 195, 198, 208.

Ligneris, voyez Des Ligneris.

Lilie, Mademoiselle, fille de M. Péan, 78, 81.

Londres, 81.

Londonois, le, vaisseau, 61.

Longueuil, M. de, 100.

Longueuil, le village de, 134, 135, 156.

Lorette, 31.

Loudon, milord, 73, 81.

Louisbourg, 55, 98, 167, 221, 224, 225.

Louisiane, la, 235.

Loups, les, 46, 119.

Louvicourt, M. de, 106; accident à, 109, 193, 198.

Lusignan, M. de, 36; commande à Carillon, 71, 155, 156, 159.

Lydius, le fort, 102.

M

Machault, le fort, 122.

Maitland, le capitaine, 212.

Malartic, M. de, 173, 213, 215, 220, 225, 228, 230, 231.

Manneville, M. de, 24, 162.

Mareuil, M. 202.

Marie, la, vaisseau, 192.

Marillac, M. de, capitaine, 38.

Martel, M., 35, 43; chargé de la distribution des vivres, 44, 45.

Martin, M., 32.

Maubeuge, M. de, 11, 38.

Mellis, M., 220.

Méloises, M. des, 57, 76, 101.

Mézières, M. de, 186, 191.

Milletière, M. de la, 121.

Mirepoix, Madame la duchesse de, 91, 92, 93, 114.

Missiscoui, la baie de, 143.

Mississagués, les, 121.

Monin, M., 235.

Montbeillard, M., 107, 172, 175.

Monckton, le général, 9, 10, 13, 22, 24, 30, 31; meilleures dispositions
    du, 36.

Montcalm, M. le marquis de, 18, 21, 54, 56, 57, 60, 63, 65, 66, 67, 68, 69,
    70, 71, 74, 76, 77, 78, 83, 85, 87; tracasseries contre, 88, 89, 90, 95,
    107; mort de, 116, 140.

Montmorency, le saut, 141, 191, 203, 205, 209.

Montréal, 13, 26, 43, 46, 48, 52, 53, 55, 57, 58, 60, 62, 63, 64, 65, 67, 70,
    72, 73, 74, 75, 76, 78, 81, 82, 83, 86, 88, 93, 94, 96, 99, 100, 102, 103,
    105, 108, 109, 125, 155, 159, 160, 164, 175, 177, 183, 205, 208, 222, 238.

Montréalistes, les, 54.

Montreuil, M. le chevalier de, 115, 117.

Moore, Walter, M., 227.

Morand, le sieur, 206.

Moulin-à-Foucault, le, 47, 142.

Murray, le général, 20, 24, 30, 35, 37; mémoire adressé au, 38, 123,
    128, 167, 171, 175, 211, 212, 213, 217, 219, 220, 222, 223, 225, 226, 227,
    228, 229.

N

Naudière, M. de la, 219.

Népissings, les, 64.

New-York, 24, 73.

Niagara, le fort, 50, 60, 65, 119, 121, 186; reddition du, 201, 202, 203,
    204, 205.

Niaouré, la baie de, 203.

Noguère, M. de, commandant les volontaires de Royal-Roussillon,
    127, 129, 130, 134, 154, 155, 157, 158.

Nord, la côte du, 132.

Normanville, M. de, 187.

O

Onontagué, le Grand, de la Présentation, 126, 208, 210.
Onontagués, les, 191, 203.
Ononthio, 191.
Onéyout, le Grand, 49, 51, 208, 210.
Ontario, le fort, 50.
Orange, le fort, 202.
Ouatrouri, chef sauvage, 187.
Outlaw, M., 140.

P

Paris, 235, 238.
Péan, Madame, 13, 59, 77, 82.
Péan, M., 99, 100.
Pèlerins, les, 170.
Pénisseault, Madame, 81, 229.
Pénisseault, M., 53, 55, 56, 100, 222, 229.
Pensens, M. de, 185, 206, 229, 230.
Piquet, l'abbé, 189, 203, 204, 205, 206, 208.
Pointe-à-La-Corne, 182, 183.
Pointe-au-Baril, 204.
Pointe-aux-Fers, 141, 143, 172.
Pointe-Saint-Charles, 134.
Pointe-aux-Trembles, 31, 169, 170.
Poirot, M. de, 193.
Pompadour, Madame de, 239.
Poilly, M. de, 184.
Port-Mahon, 61, 70.
Portage, le, 67.
Portneuf, M. de, 122.
Pouchot, M., ingénieur, 119, 121, 202, 204.
Poulariés, M. de, 114, 125, 154, 157.
Pradelles, M. de, 231.
Prairie-à-Boileau, 129.
Présentation, le fort de la, 71, 97, 178, 180, 182, 186; paroles des sauvages du, 191, 192, 195, 196, 199, 201, 204. 209, 210.
Privat, M. de, 11, 20, 23, 173, 175.

Q

Québec, 7, 24, 27; manque de vivres à, 44, 45; désertions à, 46, 48, 49, 53, 66, 68, 71, 72; disette à, 73, 77, 78, 79, 82, 96, 100, 101, 106, 107, 111; perte de, 113, 120, 139, 165, 171, 189, 194, 225.

R

Ramezay, M. de, 111, 112, 113.

Rapides, les, 45, 47, 52, 115, 125, 126, 165, 182.

Réaume, M., 205.

Reine, le régiment de la, 152.

Repentigny, le village de, 116, 173, 175.

Repentigny, M. de, 174.

Richelieu, la rivière, 107, 170, 171.

Richelieu, M. le maréchal de, 70, 88, 233.

Rigaud, M. de, 43, 44, 46, 48, 49, 51, 52, 177, 205, 206, 207.

Rochebeaucour, M. de la, 87, 169, 172.

Roche-Vernay, M. le chevalier de la, appelé ordinairement M. du Vernys, 82.

Rogers, M., 46, 166.

Rohan, Charles de, prince de Soubise, 231, 234.

Rohan, M. le chevalier de, 55.

Roquemaure, M. de, 74, 123, 124, 126, 127, 129, 131, 132; plaintes sur l'état de l'armée par, 133, 134, 148, 151, 154, 155, 156, 157, 158, 161, 162; désespoir de, 163, 164, 165.

Royal-Roussillon, le régiment de, 128, 132, 134, 135, 152.

S

Saint-Alembert, M., 13.

Saint-Antoine, 123.

Saint-Augustin, 31, 37, 169.

Saint-Charles, 123.

Saint-Denis, 123.

Sainte-Anne, la rivière, 169, 171.

Sainte-Foye, 116.

Sainte-Thérèse, 152, 155, 165.

Saint-Félix, M. de, 23, 24, 32, 35, 227.

Saint-François, 46.

Saint-Frédéric, le fort de, 46, 56, 60, 62, 71, 106.

Saint-Jean, le fort, 54; Canadiens tués près du, 62, 63, 64, 67, 70, 71, 85, 86, 87, 94, 106, 109, 127, 129, 131, 145, 146, 151, 153, 157, 159, 161, 163.

Saint-Jean, la paroisse, 54.

Saint-Luc, M. de, 124, 126, 127.

Saint-Onge, M., 143, 148, 149.

Saint-Ours, la paroisse de, 123, 152, 153, 163.

Saint-Ours, M. de, 75.

Saint-Philippe, le fort, 68, 70.
Saint-Régis, 189, 197.
Saint-Sacrement, le lac, 55; Lévis au, 58, 103.
Saint-Simon, sergent, 97, 141.
Sarre, le régiment de la, 152, 156.
Saussaye, M. de la, 75.
Savournin, M., 8.
Senneterre, M. de, 218, 220.
Sonnechio, le village de, 121.
Sorel, 85, 93, 123.

T

Têtes-Plates, les, 120.
Tonnant, le, vaisseau, 80.
Townshend, M., 14.
Trivio, M. de, 162.
Trois-Rivières, 43; désertions aux, 46, 47, 72, 104, 169, 171, 172, 174, 231
Tsonnonthouans, les, 203, 210.
Tourville, M. le chevalier de, 23, 81.

V

Valette, M., 146.
Vassan, M. de, 44.
Vaudaran, M. de, 231.
Vaudreuil, M. le marquis de, gouverneur du Canada, 9, 10, 13; aigreur des généraux anglois contre, 14, 16, 18, 19, 20, 22, 23, 27, 29, 34, 35, 37, 40, 53, 56, 58, 59, 60, 61, 63, 65, 66, 67, 71, 72, 76, 82, 85; tracasseries contre, 88, 89, 90, 92, 94, 95, 97, 99, 101; interroge un déserteur, 103, 112, 117, 120, 129, 138, 145, 149, 154, 157, 164, 165; diminue les troupes à la frontière, 168, 169, 170, 171, 173, 189, 217, 226, 230.
Vaudreuil, Madame de, 82, 230, 231.
Vauquelin, M., 224.
Vergor, M. de, 115.
Versailles, 218, 239.
Villejoin, M. de, 119, 155, 158, 202, 207.

W

Wolfe, le général, 46, 225.

Y

Young, le colonel, 23, 212.

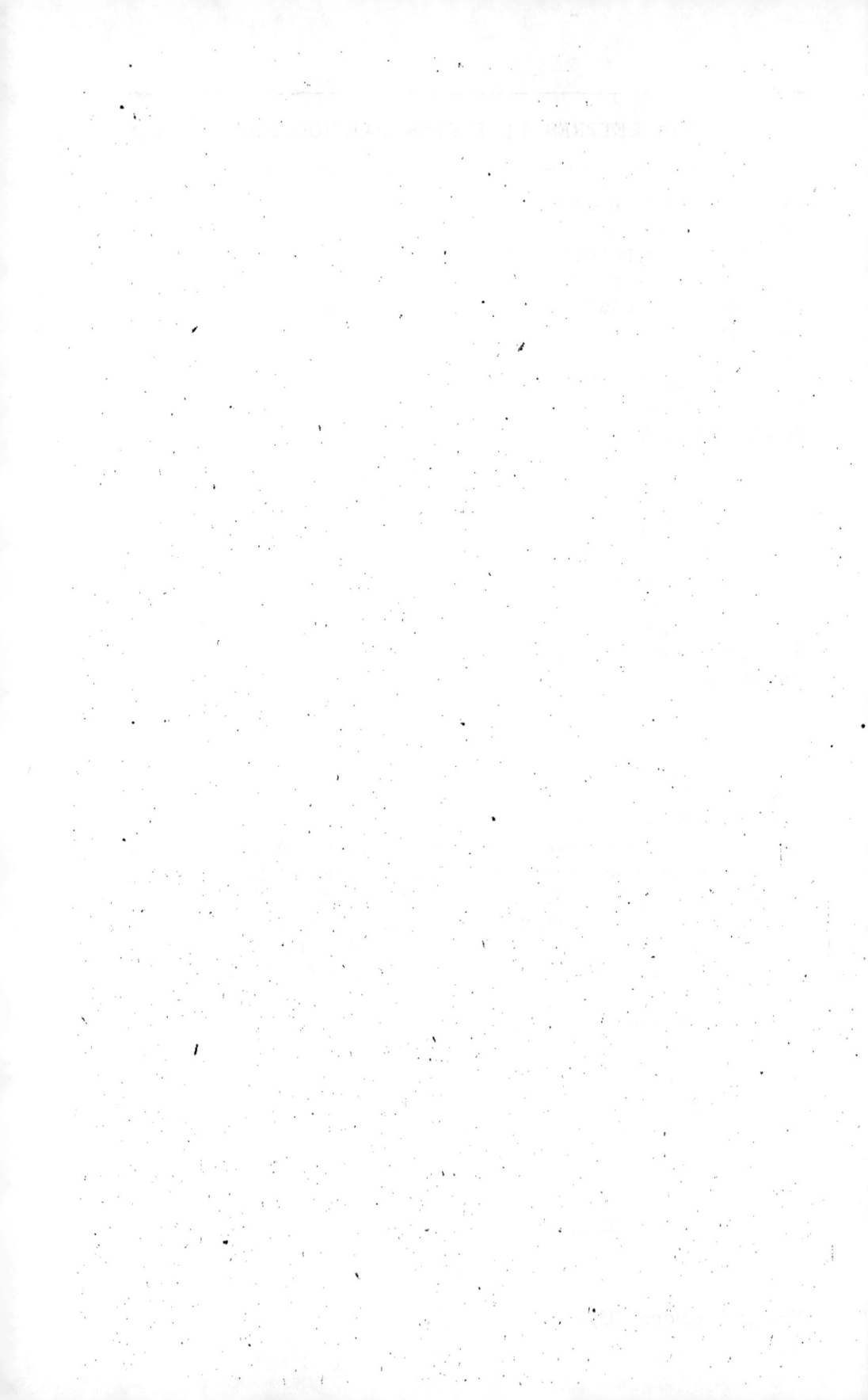

TABLE ANALYTIQUE

DES

RELATIONS ET JOURNAUX

DE DIFFÉRENTES EXPÉDITIONS

A

Abénakis, les, 57, 58, 63, 72, 82, 140.

Abercromby, le général, 150, 169.

Abraham, la côte d', 227, 231, 239, 240.

Acadie, l', 44.

Acadiens, les, 8, 17, 22, 28 ; tumulte chez les, 33, 34 ; promesses aux, 38, 40, 42, 75, 97, 98.

Agniers, les, 92, 93, 94, 95, 104, 107, 108, 115, 140.

Aiguebelle, le sieur d', 234.

Albergatti, M. d', 82, 84, 85.

Algonquins, les, 58, 72.

Amérique, 256.

Amherst, le général, 194, 204, 205, 208, 211, 220, 257, 259.

Angleterre, 118, 150, 168, 181.

Angleterre, Nouvelle, 9.

Anglois, les, 168; conseil des, 175, 178, 185, 216, 217, 223, 225, 226, 228, 230, 240, 241, 247, 253, 254, 256, 258.

Anse-au-Foulon, 192, 230, 243, 263, 264, 266.

Anse-aux-Bateaux, 129.

Anse-aux-Cabanes, 66.

Anse-aux-Corbeaux, 131.
Anse-des-Mères, 266.
Anstruther, le régiment d', 207, 208, 210.
Atalante, l', frégate, 224, 242, 244, 263; brûlée, 271.

B

Baby, M., 105, 106.
Baie-des-Chaleurs, 248.
Baie-Verte, 20, 27, 28, 30, 37, 38, 41, 44, 49, 51.
Bailleul, M. de, 17; blessé, 29, 42.
Baralon, M. de, 14, 16, 19, 22; détaché au camp anglois, 25.
Baraute, M. de, 245.
Basserode, M. de, capitaine au régiment de Languedoc, 73; blessé, 74.
Beaudet, la rivière au, 57.
Béarn, le régiment de, 74, 82, 84, 85, 117, 150, 154, 156, 157, 166, 170,
      171, 172, 182, 183, 188, 209, 232, 234, 251, 255, 256, 258.
Beaubassin, le fort de, 10.
Beauport, 184, 192, 193, 208, 214, 265.
Beauséjour, le fort de, 7, 9, 14, 15, 16, 17, 27, 28; articles de la capitu-
      lation du, 37, 39, 41; description du, 44, 45, 49, 50, 51, 75.
Beausoleil, M., 22, 24.
Belle-Rivière, la, 9, 88, 89, 92, 98, 102, 106, 109, 113, 178, 179, 182, 188.
Bellestre, M. de, 99, 102; campagne de, 127, 128, 129, 130, 131, 133, 134,
      135, 136, 137, 138, 139, 140, 141, 145.
Benoist, M. de, 218
Bernard, capitaine au régiment de Béarn, 151, 154, 156, 164, 166,
      170, 171.
Bernetz, M. le chevalier de, 125.
Bernetz, la rivière de, 166, 168
Berry, le régiment de, 150, 151, 153, 154, 155, 156, 158, 166, 167, 170, 171,
      173, 181, 233, 234, 249, 250, 256, 258.
Bigot, l'intendant, 223, 258.
Billy, M., 42.
Blackney, le général, 150.
Blouzet, M. le chevalier de, capitaine au régiment de Bourgogne, 145.
Bœufs, la rivière aux, 96.
Boischatel, M. de, 82, 255.
Boishébert, M. de, 75
Bonneau, le capitaine, 164.
Bordeaux, 247.
Boscawen, l'amiral, 145.

Boscawen, le, vaisseau, 197.

Bossens, aumônier, 270.

Boston, 93, 126, 198.

Boucherville, M. de, 19, 21, 22, 23.

Bougainvillle. M. de, 125; blessé, 160, 161, 182, 184, 188, 189, 190, 191, 193, 211, 222, 224, 248, 249, 253, 254, 259.

Bourlamaque, M. de, 117, 118, 121, 122, 124; prend possession du fort Georges, 125; commande à Carillon, 150, 152, 153, 156; blessé, 158, 160, 161, 166, 170, 172, 181, 182, 186, 205, 220, 222, 223, 226, 227, 231, 232, 248, 250, 255, 256, 257, 258.

Braddock, le général, 214.

Bradstreet, le colonel, 152.

Bragg, le régiment de, 207, 208, 209, 210.

Buisson, le, 129.

Bull, le fort, 71, 132, 136, 137.

Butte-à-Mirande, la, 19.

Butte-à-Neveu, la, 230.

Butte-à-Roger, la, 17.

C

Cadet, le sieur, munitionnaire, 182.

Caitoton, chef sauvage, 104, 105, 114, 116.

Canada, 7, 17, 33, 44, 49, 50, 53, 72, 89, 93, 94; relation de la campagne du, 117, 160, 174, 176; campagne de 1759 au, 181, 229, 241; fin de la guerre du, 261.

Canadiens, les, 45, 56, 57, 63, 66, 74, 75, 79, 81, 82, 83, 85, 100, 127, 131, 139, 150, 153, 154, 159, 166, 170, 172, 173, 205, 208, 216, 218, 226, 233, 235, 252, 258.

Canestio, la rivière de, 99, 104.

Canon, le sieur, lieutenant de frégate, 182.

Cap-Breton, 111.

Cap-Diamant, le, 207.

Cap-Diamant, le bastion du, 240.

Cap-Rouge, le, 193, 198, 211, 219, 220, 225, 226, 227, 228, 229, 243, 266.

Carillon, le fort de, 71, 73, 77, 78, 117, 118; arrivée du chevalier de Lévis au, 119, 126; relation de la victoire remportée au, 149, 151, 154; état des officiers et soldats tués ou blessés au, 161, 162, 163; autre relation, 165, 166, 167, 171, 181, 182, 186, 194, 205, 220.

Carleton, le colonel, 196, 199.

Caroline, la, 73, 97, 98.

Carpentier, M., 218.

Cascades, les, 129.

Castor, le, chef sauvage, 178.

Catabas, les, 73, 92.

Cataracoui, la rivière, 251.

Cèdres, les, 55, 129, 142; rapides des, 252.

Céloron, M. de, 85.

Centurion, le, vaisseau, 201.

Chactas, les, 106.

Chambly, le fort, 117, 221, 255.

Champlain, le lac, 74, 117, 118, 166, 182, 186, 205, 220, 248, 250, 252.

Chaouénons, les, 73, 92, 101, 102, 106, 109.

Charly, M. de, 53.

Chasseur, le, chaloupe, 204.

Châteauguay, 129.

Chaumillon, le sieur, 270, 271.

Chérakis, le fort de, 98.

Chéroquis, les, 92, 95.

Cheval-Marin, le, vaisseau, 205.

Chibouctou, 9.

Chicasas, les, 95, 106.

Chouaguen, le fort de, 53, 57, 58, 62, 66, 70, 71, 73, 87, 90, 91, 93, 94, 95, 105, 109, 115, 137, 140, 182, 189, 215, 216, 221, 251.

Chouégalsy, la rivière de, 58, 59.

Chute, la rivière de la, 151, 152, 153, 156, 159, 166, 167, 168, 169, 170, 171, 173.

Cinq-Nations, les, 57, 71, 72, 87, 94, 95, 106, 132, 141, 160, 174, 175; conseil particulier des, 177, 252, 256, 257.

Combles, voyez Des Combles.

Contrecœur, M. de, 78.

Corbière, M. de, 215.

Corlar, la rivière, 53, 62, 132, 137, 138.

Cormorandière, la, 143, 144.

Corne, voyez La Corne.

Cornillaud, le sieur, 243.

Cournoyer, M. de, 58, 63, 77.

Courval, le sieur de, 185.

Crown, George, le sieur, 178.

Cumberland, le fort, 92, 116.

D

Dalquier (lisez d'Alquier), lieutenant-colonel, 193, 232.

Dank, le capitaine, 197.

Deane, le sieur, 270, 271.

Deschambault, 189, 205, 248, 249.

Des Combles, M., 69, 70.

Desandrouins, M., capitaine au corps royal, 149, 154, 166, 167, 221, 224.

Deshaix, le sieur, 270, 271.

Des Ligneris, M., 100, 103, 105; *note*, 175.

Desnoës, M., capitaine au régiment de la Reine, 157.

Détroit, 72, 97, 102.

Deux-Montagnes, le village des, 55.

Liane, la, vaisseau, 198, 270.

Dieskau, M. de, 84, 85.

Diximieu, sous-lieutenant d'Artois, 145.

Drucour, M. de, 40, 146.

Duchat, capitaine au régiment de Languedoc, 77.

Du Coin, capitaine au régiment de Royal-Roussillon, 78.

Dufour, le sieur, 271.

Dumas, major général, 77, 79, 80, 81, 186, 233, 248, 249, 255, 257.

Dumont, M., 220, 229, 230, 231, 232, 233.

Dumuys, M., 95.

Duplessis-Fabert de Saint-Laurent, 18, 42.

Duprat, capitaine au régiment de la Sarre, 151; les volontaires de,
152, 154, 156, 166, 168, 170, 171, 184, 187.

Duquesne, le fort, 72, 73, 96, 99, 100, 104, 105, 175, 176, 178.

E

Ecosse, la Nouvelle, 7, 8.

Ecossois, les, 93, 101.

Ecureuil, l', vaisseau, 198.

En-Bas, le fort d', 61.

En-Haut, le fort d', 61.

En-Haut, les pays d', 72, 119.

Espervanche, M. de l', 60, 65, 66.

Europe, 9, 84, 242, 244.

F

Famine, rivière à la, 133, 135, 140.
Fer-à-Cheval, le, 29.
Fermand, le sieur, interprète, 42.
Florimond, M. de, 60, 83, 84.
Folles-Avoines, les, 67, 69.
Fontbonne, M. de, 192.
Forbes, le général, 178.
Fouillac, le sieur, 248.
Fourche, la, 178.
France, 38, 70, 72, 75, 76, 117; nouvelles de, 118, 176, 182, 213, 244, 247; vaine attente de secours de, 261.
France, la Nouvelle, 149, 240.
François, les, 7, 38, 42, 68, 69, 87, 88, 91, 95, 96, 97, 98, 99, 106, 108, 111, 132, 140, 145, 175, 176, 178, 179, 199, 203, 209, 210, 213, 216.
Françoise, la baie, 9, 28, 44.
Frontenac, le fort de, 53, 88, 130, 131.

G

Gabarus, la baie de, 144, 146.
Gage, le brigadier, 221.
Ganaouské, la baie de, 120.
Gannes, M. le chevalier de, 66; blessé, 69.
Gaspareau, le fort de, 28, 41; description du, 49.
Georges, le fort, 71, 73, 74; expédition sur, 77, 89, 94, 97, 118, 119, 120, 220.
Germain, le P., 26.
Glacière, la, bastion, 240.
Goyogouins, les, 87, 91, 107, 113, 114, 115, 177.
Grande-Batterie, la, 146.
Grande-Bretagne, la, 39, 40.
Grande-Ile, la, 131.
Grand-Sabre, le, chef sauvage, 132.
Grandville, M. de la, 73.
Guyenne, le régiment de, 117, 119, 150, 154, 157, 158, 166, 170, 172, 183, 187, 191, 209, 232, 234, 251, 257.

H

Halcet, le régiment d', 90.

Halifax, 8, 43, 46, 49, 181.

Harmestran, capitaine, 112.

Hcilerin, Marie-Catherine, prisonnière, 116.

Herbin, M., 245.

Hert, M. d', 157, 244.

Hertel, M , 218, 223.

Holmes, l'amiral, 204, 205, 207.

Howe, milord, colonel, 150, 151; tué, 160, 168, 207, 210.

Hurons, les, 97, 99, 100.

I

Ile-à-la-Traverse, 129.

Ile-au-Chat, 57, 142.

Ile-au-Chevreuil, 64, 131, 141.

Ile-aux-Coudres, 183.

Ile-d'Orléans, 183, 185, 191, 195, 196, 197, 201, 205; pointe de l', 265.

Ile-aux-Galops, 67, 129.

Ile-aux-Noix, 182, 186, 194, 205, 221, 224, 248, 251, 252, 254, 255.

Ile-du-Milieu, 131.

Illinois, les, 95, 96.

Ile-Perrot, 129.

Ile-Oracointon, 189.

Ile-Sainte-Hélène, 251, 252, 255, 258, 259, 260.

Ile-Saint-Jean, 10, 22.

Ile-Royale, 14; descente des Anglois dans l', 143.

Iroquois, les, 26, 60, 72, 78, 82, 95, 97, 98, 99, 101; conseil des, 102, 104, 106, 109, 110, 130, 131.

J

Jacob, le capitaine, 171.

Jacques-Cartier, le fort, 194, 222, 247, 248.

Jacques-Cartier, la rivière, 196, 198, 220, 243.

Jacquot de Fiedmond, M., 7.

Jaubert, le sieur, 164.

Johnson, le colonel, 61, 63, 87, 89, 91, 93, 94, 101, 107, 108, 110, 160, 171.

Joncaire, M. de, 105.

Jonquière, M. de la, 115.

K

Kachekacheki, 175.

Kanegouhi, le fort de, 112.

Kanoagon, 101.

Keniskent, le régiment de, 90.

Kennedy, le régiment de, 207, 208.

Kikapous, les, 96, 101, 102, 108.

Kouari, le fort de, 138, 140.

L

Laas, le sieur de, 233.

La Broquerie, M. de, 97.

Lac, le village du, 20, 21, 26; les sauvages du, 58, 127, 129, 130.

Lachine, 54, 65, 127.

La Corne, M. le chevalier de, 78, 182, 189, 215, 216, 233, 252.

Lafontaine, M., 231.

La Force, M., 78, 130.

Lahoulière, M. de, 143.

La Justonne, M. de, 245.

La Moële, M. de, 96, 109.

Lancaster, 116.

Langlade, M. de, capitaine aux grenadiers de Bourgogne, 145.

Languedoc, le régiment de, 74, 82, 84, 86, 119, 151, 153, 154, 156, 158,
166, 167, 170, 171, 172, 183, 187, 188, 209, 233, 234, 250, 258.

Langy-Montégron, M. de, 14, 17, 30, 54, 56, 67, 69, 70, 78, 82, 84, 151,
152; blessé, 160.

Lapause, M. de, 189, 255.

Laprairie, 255, 256.

Lascelles, le régiment de, 207, 208, 209, 210.

Lawrence, le fort, 10, 25.

Le Borgne, M., 82.

Le Loutre, l'abbé, 17, 22.

Le Mercier, M., 77, 78, 79, 80, 81, 83, 84, 158, 189.

Léry, M. de, 53, 54, 55, 56, 57, 58, 59, 60, 61, 62, 64, 147.

Lévis, M. le chevalier de, 119, 120, 121, 122, 124, 125, 126; arrivée à
Carillon de, 155, 157, 159, 160, 165, 169, 170, 173, 182, 183, 184, 185,
186, 187, 188, 189, 193, 194, 213; expédition de Québec par, 219, 221,
224, 226, 227, 228, 229, 230, 231, 232, 240, 241, 242, 243, 244, 248, 249,
255, 256, 259; ordonne de brûler les drapeaux, 260, 261, 265, 270.

Lévis, le fort de, 224, 251, 252.

Lèvre-Coupée, la, chef sauvage, 108.
Longue-Pointe, la, 257.
Longueuil, M. de, 74, 77, 78, 79.
Longueuil, 255, 256.
Long-Saut, le, 57.
Loppinot, M. de, 147.
Lorette, la Vieille, 194, 220, 225, 226.
Lorimier, M. de, 139, 140, 217.
Loudon, le général, 89, 118.
Louisbourg, 9, 10, 18, 39, 41, 50, 118, 147, 149, 181, 194; les grenadiers
    de, 208, 209, 210.
Louisiane, la, 106.
Loups, les, 92, 95, 96, 97, 101, 102, 104, 105, 106, 108, 109, 110, 113,
    175, 176.
Louvicourt, M. de, 157, 234.
Lowestoff, le, vaisseau, 204, 270.
Lusignan, M., 73, 221.
Lydius, le fort, 82, 84, 119, 121, 123, 126, 220.

M

Machault, le fort, 96, 104.
Mackellar, M., ingénieur, 206.
Marie, la, flûte, 243, 247, 252, 263.
Marie-Blanche, prisonnière, 110, 115.
Marin, M., 67, 68.
Maringouin, le camp, 9.
Marquillance, le sieur, 147,
Mascoutins, les, 96, 102, 108.
Mazérac, M. de, 245.
Méloises, le chevalier des, 245.
Méloises, des, capitaine, 245.
Mézière, M. de, 97.
Miamis, les, 99, 101.
Michillimakinac, 89.
Micmacs, les, 30.
Mille-Roches, les, 57.
Mines, les, 8.
Missagouetche, la rivière, 51.
Mississagués, les, 67, 87, 90, 98, 101, 130.
Mississipi, la rivière, 98.
Monckton, le colonel, 8, 183, 195, 196, 200, 201, 202, 203, 207, 209.

Monsieur-le-Comte, la rivière à, 67, 131, 141.

Montagne-Pelée, la, 152, 160, 167.

Montarville, M. de, 18, 42.

Montbeillard, M. de, 192, 240, 250.

Montcalm, M. le marquis de, 53, 71, 84, 119, 120, 121, 122, 123, 124, 125, 142, 149, 150; prend position pour la défense de Carillon, 151, 152, 153, 155, 157, 159, 166, 167, 170, 172, 173, 183, 184, 187, 188, 189, 190, 191, 192; mort du, 193, 197, 208, 210, 216.

Montcourt, M. de, 96.

Montigny, M. de, 56, 61, 64.

Montisambert, M. de, 106, 109, 110.

Montmorency, le saut de, 184, 185, 186, 187, 188, 189, 190, 197, 199, 214.

Montréal, 64, 71; congrès à, 72, 89, 95, 96, 97, 100, 101, 102, 103, 106, 108, 109, 142, 182, 184, 186, 188, 189, 194, 224, 233, 244, 347, 248, 250, 255; île de, 256, 257, 258, 260, 261, 264.

Montreuil, le chevalier de, 161, 189, 192, 193, 231, 234, 255.

Montrro, André, le sieur, 178.

Muller, femme allemande, 104.

Murray, le général, 150, 200, 201, 203, 204, 207, 208, 210, 211, 220, 249, 250, 255, 257, 258, 259; cruauté du, 261.

N

Népissings, les, 58, 67, 72.

New-York, 110, 111, 126, 160.

Niagara, le fort de, 53, 72; Journal du, 87, 103, 115; prise du, 188, 194, 205, 216, 221.

Niaouré, la baie de, 59, 60, 63, 64, 66, 131.

Nord, la côte du, 83.

Noyan, M. de, 131,

O

Ohio, l', 98.

Onéyouts, les, 58, 61, 62, 68, 132, 135, 137, 138, 141.

Onontagués, les, 87, 88, 90; les députés des, 93, 94, 132, 134, 135, 175.

Onontagué, l', chef sauvage, 58, 59, 136.

Ononthio, 59, 92, 128, 129, 132, 136.

Ontario, le fort, 216.

Ontario, le lac, 221, 247, 251, 256.

Orange, le fort, 72, 89, 90, 91, 93, 94, 102, 112, 115, 121, 122, 125, 220.

Ottawas, les, 72, 87, 89, 95, 97, 98, 99, 102, 105, 106, 109.

Ouillas, les, 97, 99, 100.

P

Pain-de-Sucre, montagne du, 79.

Palatins, village des, 91, 138; incendie du, 139.

Palifer, le capitaine, 213.

Pakens, chef sauvage, 93, 94.

Paris, 9.

Peller, Charles, prisonnier, 112.

Pensylvanie, la, 93, 94, 96, 106, 112.

Perthuis, interprète, 60, 81.

Pétrie, M. Jean, 139.

Philadelphie, 89, 93, 99, 102, 107, 112, 116.

Pie, la, flûte, 263.

Piquet, l'abbé, 67.

Pointe, la, 77, 78, 93, 94, 101, 115, 142.

Pointe-au-Baril, la, 215.

Pointe-aux-Ecureuils, la, 267.

Pointe-aux-Trembles, la, 186, 189, 199, 219, 220, 222, 223, 225, 243, 244, 248, 257, 267.

Pointe-Blanche, la, 144, 146.

Pointe-Claire, la, 54.

Pointe-de-Lévis, la, 185, 187, 190, 192, 196, 198, 200, 205, 207, 222, 223, 242, 265.

Pointe-du-Saint-Esprit, la, 146.

Pointe-Maline (lisez Maligne), la, 57.

Pointe-Plate, la, 43, 144, 146.

Pointe-Saint-Charles, la, 257.

Pomeroy, M., 22.

Pomone, la, frégate, 224, 242 263, 266.

Pont-à-Buot, le fort de, 15, 16, 17, 20, 21; rasé, 51.

Pontleroy, M. de, capitaine du corps royal, 149, 152, 154, 166, 167, 250.

Porc-Epic, le, chaloupe, 197.

Portage, le camp du, 51, 66, 68, 126, 150, 151, 153, 166, 167, 168, 173.

Portneuf, M. de, 61.

Portneuf, 267, 268.

Pouchot, M., capitaine au régiment de Béarn, 72; *note*, 87, 100, 182, 224, 251!

Poulariés, M. de, 74, 77, 78, 79; représentations de, 80, 81, 84, 85, 157, 171, 192, 232.

Poutéotamis, les, 72, 95.

Pradet, M., 245.

Présentation, le fort de la, 54, 55, 57, 58, 59, 60, 64, sauvages de la, 66, 129, 133, 251.

Privat, M de, 158, 172, 250.

Q

Québec, 7, 10, 74, 118, 182, 183, 184, 186, 188, 190, 191, 194; Journal du siège de, 195, 196, 199; dénombrement des canons, etc., trouves après la prise de, 213, 214, 219, 220, 222, 228, 229, 230, 232, 235 liste des officiers tués ou blessés devant; 236, 237, 238, 239, 241, 242, 243, 244, 247, 248, 249, 261, 264, 265.

Quinté, lisez Kenté. la baie de, 131.

Quolicciganne, chef sauvage, 178.

R

Raimbault, M., 42.

Rapides, les, 188, 189, 194, 221, 256, 257.

Rapides-Plats, les 57, 129.

Raymond, M. de, 79, 150.

Réaume, M., 58.

Récollets, le faubourg des, 257.

Reine, le régiment de la, 119, 121, 122, 124, 150, 154, 155, 156, 157, 166, 170, 171, 181, 233, 252, 257.

Renards, les, 96.

Repentigny, le sieur de, 185, 187, 233, 248.

Repentigny, 219.

Rézy, le sieur de, 164.

Rhode-Island, 126.

Richelieu, le, 249.

Richerville, M. de, 58.

Rigaud, M. de, gouverneur des Trois-Rivières, 70; expédition au fort Georges par, 71, 74, 77, 78, 80, 81, 85, 119, 122.

Ristigouche, la rivière, 248.

Rochebeaucour, M. de la, 184, 186, 193, 229, 248.

Rochette, M. de la, 164.

Rogers, le major, 152.

Rollo, lord, 251.

Roquemaure, M. de, 122, 221, 233, 252, 254, 255, 257.

Rouillé, le chemin de, 146.

Rouilly, M. de, 17; en otage, 39.

Rous, le capitaine, 198.

Royal-Américain, le régiment de, 150, 202, 208, 211.

Royal-Roussillon, le régiment de, 74, 82, 84, 85, 117, 121, 124, 150, 155, 156, 157, 158, 166, 167, 170, 171, 172, 173, 183, 187, 209, 232, 252, 256, 258.

N

Sabattier, M., officier de la colonie, 145.

Sables, la rivière aux, 67.

Sabourin, le sieur, 268, 270, 271.

Saige, M., 195.

Saint-Augustin, 190, 219, 226.

Saint-Charles, la rivière, 183, 184, 193, 204, 208, 210, 214, 239, 240.

Sainte-Foye, 220, 225, 226, 227, 228, 229, 230.

Saint-François, le lac, 57, 63, 64, 129, 142.

Saint-Frédéric, le fort, 73, 182, 196, 194, 205, 220, 251.

Saint-Frédéric, la rivière, 154, 166, 168, 170.

Saint-Jean, le fort, 77, 78, 117, 221, 224, 252, 254, 255.

Saint-Jean, la rivière, 9, 10, 26, 247, 253.

Saint-Joseph, la rivière, 104.

Saint Julhien, M de, 144.

Saint-Laurent, le fleuve, 75, 182, 183, 222, 230, 239, 263.

Saint-Louis, le saut, 54, 92, 115, 127, 129, 135, 257.

Saint-Louis, le bastion, 240.

Saint-Luc, M. de, 226, 234.

Saint-Martin, M. de, 77, 79, 81, 82, 84, 222.

Saint-Michel, 198.

Saint-Ours, M. de, 79, 81, 82, 85.

Saint-Pierre, le lac, 250, 263.

Saint Sacrement, le lac, 74, 79, 93, 117, 118, 120, 125, 149, 150, 152, 165, 166, 167.

Saint-Simon, M. de, 82.

Sakis, les, 96.

Sarre, le régiment de la, 74, 82, 84, 117, 119, 121, 124, 151, 153, 154, 155, 156, 158, 166, 167, 170, 171, 172, 183, 209, 232, 233, 234, 250, 256, 258.

Saunders, l'amiral, 195, 206.

Saussaye, M. de la, 55, 56, 67, 68, 99.

Sauvage, le sieur, 224.

Savournin, M. de, 79, 81, 82, 85.

Sayoons, chef sauvage, 108.

Schamoken, le fort de, 112, 113.

Schamoukin, 96.

Schomberg, le sieur, 270, 271.

Séglas, M. de, 85, 86.

Senezergues, M. de, 119, 155, 158, 172, 184 ; tué, 192.

Sillery, 198, 225, 242, 264.
Sioux, les, 95, 96.
Sorel, 250, 251, 255, 263.
Souekalsi, 129, 137.
Spithall, le général, 160.
Sud, la côte du, 78, 128.
Susquehanna, 104.
Sutherland, le, vaisseau, 198.

T

Tatcyonons, les, 101, 104, 112.
Techicabaoui, chef sauvage, 97, 101.
Têtes-Plates, les, 92, 98, 134, 177.
Théoga, 93, 95, 101.
Thomas, le sieur, 270, 271.
Toniac, chef sauvage, 107.
Toronto, 104.
Tour de-la-Lanterne, la, *note*, 146.
Townshend, le général, 183, 195, 199, 200, 201, 202, 203, 208, 211, 212.
Traverse, la, 183.
Trécesson, M. de, 151, 153, 158.
Trégarois, M. de, 57.
Trépezec, M. de, capitaine au régiment de Béarn, 152, 153; tué, 164, 167.
Trivio, le sieur de, 233.
Trois-Rivières, 182, 184, 249.
Tsonnonthouans, les, 93, 95, 98, 99, 102, 108, 114.

V

Valette, le sieur de, 221.
Vannes, M. de, 17, 26, 36, 39, 40, 255.
Varin, M., 55.
Vassan, M. de, 175, 233.
Vaudreuil, M. le marquis de, 53, 54, 55, 56, 58, 59, 63, 69, 72, 80, 83, 117, 118, 127, 149, 150, 165, 183, 184, 191, 193, 194, 220, 221, 222, 224, 248, 252, 254, 258, 259, 260, 261.
Vauquelin, le sieur, 224, 242; Journal de, 263.

Vergor, M. de, 7, 9, 10, 17, 25; capitule à Beauséjour, 41, 46.
Vernys, le sieur du, 234, 245.
Villejoin, M. de, 22, 82.
Villeraye, M. de, 17.
Villiers, M. de, 65.
Vilmomble, M. de, 66.
Virginie, la, 9, 106, 116.

W

Webb, le général, 123, 126, 208.
William-Henry, le fort, 71, 118, 136, 150, 165.
Wolfe, le général, 183, 190; tué, 193, 195, 199, 205, 206, 208, 209.
Wolff, M., capitaine, 81, 85.

FIN DE LA TABLE ANALYTIQUE

COLLECTION DES MANUSCRITS

DU

MARÉCHAL DE LÉVIS

Volumes déjà publiés :

Sous presse

A la fin de ce volume, le dernier de la Collection, se trouve
une TABLE ANALYTIQUE de chacun des volumes.